チャレンジ！わが人生

種子島 経

（写真上）
1954年春（新宿にて）
筆者（左上）龍ちゃん　母

（写真下）
1965年秋（修学旅行）
悪童連と宮崎サボテン公園にて

（写真上）
1966年秋　ディズニーランドホテル・トレードショー
韓国の友人親子と筆者（右端）

（写真下）
1970年春　鳥取県大山へツーリング（筆者左端）

1976年秋　Ｚ１とＫＭＧスタッフ

副社長　ハンス　筆者　管理部長　スタッフ　マンフレッド

1995年秋　ＢＭＷ東京高輪支店新装開店

筆者

ＢＭＷジャパン　リヒター社長

ＢＭＷ　フォン・クーンハイム会長

ＢＭＷ　ピシェッツリーダー社長

岡　高輪支店長

推薦のことば

(株) ダイエー 代表取締役会長
林 文子

種子島さんには、かねてから三つの点で感心しています。

第一は、困難と思われることにも果敢にチャレンジし成功させること。一九九三年、BMW東京社長として赴任されたのですが、「最終話」にありますように、市況は悪化、小売り経験皆無、しかもほぼ盲目状態で、引き受けないのが常識だったでしょうが、チャレンジされ、大きな成功を収められました。この時支店長に抜擢されたのが、私の今日に直結することになります。

第二は、人間重視、活用の姿勢。随分変な人、癖のある人でも、彼の手にかかると生き生きと活躍はじめます。「第三話」、「最終話」の日本、「第四話」のアメリカ、「第五話」のドイツを通じて同じことが見られますから、彼の姿勢は国籍に関係なく通用するのです。

そして第三は、困難な仕事を明るく楽しくゲーム感覚で進めること。私たち日本人は、難しいことに直面すると緊張し青白くなりがちですが、彼は、うまい解決策を考え、それを楽しく達成するよう、部下たちを励ますのです。

この本を読んで気付いたのですが、第一の点は物心ついた高校時代、「第一話」で芽生えていたのですね。第二の点も彼の一生を貫いており、だから本書は彼の「自分史」である以上に彼を取り巻く個性溢れる人々の生き様史にもなっています。第三の点は、恐らく三つの国でクルマ屋として鉄火場を踏み抜いたことからの余裕でしょうか。

読み物として抜群に面白いだけでなく、現代を力強く生き抜く上での指針にもなる、と存じます。ご一読をお勧めする次第です。

私といたしましても、改めてチャレンジ精神を鼓舞されている次第です。

チャレンジ！　わが人生／目次

ドイツ全図

ハンブルク
ポーランド
オランダ
ベルリン
ドイツ
デュッセルドルフ
フランクフルト
チェコ
フランス
シュツットガルト
ミュンヘン
オーストリア
スイス
イタリア

チャレンジ！　わが人生

第一話　自分の足で第一歩

シゲシャン呼び出し

野球部への誘い

廊下ですれ違いざま、「おい、職員室に来い！」と言われて、私は震え上がった。

昭和二十五年（一九五〇年）の九州熊本、教師が生徒を殴るのはごく当たり前の時代だったが、彼、シゲシャンの鉄拳はとりわけ恐れられていた。中国大陸からの復員兵で、軍隊仕込みの猛烈さがあったからである。

恐る恐る出向いた私に、

「お前、どうせ勉強はやらんのだろう。高校に進んだら野球部に来い」

国語担当の彼は野球部長を兼ねていた。

「は、ぼく、選手になれますか？」

「馬鹿言え。ちびで不器用なお前が選手になれるか。マネジャーにしてやる。

一年生は修行期間、早ければ二年生、遅くとも三年生ではマネジャーになれる」まったくの不意打ちである。考えさせてほしい、と告げて、ひとまず引き上げた。彼には学科を習ったこともないし、それまでほとんど接触なし、だった。私のどこを見てマネジャー適格、と見込んだのだろう？

かく言う私は、ぼんやりした、いささか不良がかった中学三年生だった。

九州学院（通称「九学」）は、今様《いまよう》にいうなら中高一貫の私立校だから、そこの中学生はよほどのことがない限り無試験で高校へ進学できる。目先のきいた連中は、「大学受験には県立高校のほうが有利」と見て、名門の県立熊本高校などへ移ることを考えていたが、私は、この世に大学なるものが存在することもまだはっきり意識していなかった。

よその高校を受験するなど面倒だし、どだいそんな試験をパスする自信もないまま、酒を飲んだり、煙草を吸ったり、女学生を追っかけたり、けちな喧嘩をやったり、とぶらぶら過ごしていた。

そんな私が、シゲシャンへの回答を迫られて生まれて初めて、人生何をなすべきか、を考えざるを得なくなったのである。

調べてみると、高校の野球選手は、卒業後、野球で就職することができる。地元には熊本鉄道管理局（熊鉄）があったし、大分には星野組があった。都市対抗野球もなかなかの人気を集めていた。六大学に引っ張られた先輩もあった。

だが、マネジャーにはそんな道もないようだ。選手の面倒を散々みて、シゲシャンにしこたま殴られて、それでは苦労する意味もなかろう。

私は、また恐る恐る職員室へ出向いて、

「せっかくですが」と断った。

「そうか、で、お前、高校では何をやる?」

苦しまぎれに、「はい、勉強します」と言うと、

「よし、勉強せい。お前はやればできるんだ。

その代わり、もしも勉強せずにごろまいてたら、打ち殺すぞ!」

「打ち殺す」とは、当時の熊本では、子供同士の喧嘩でもひんぱんに使われたせりふだ。だが、それがシゲシャンの口から出ると迫力十分で、私は改めて震え上がった。

六三三制と九学

ここで九学とその周辺について、少々説明しておこう。

昭和二十二年(一九四七年)、教育基本法、学校教育法の二法が公布された。いわゆる六三三制、アメリカの多くの州と同じ学校制度を日本に押し付けよう、という趣旨である。

小学校は従来のものがそのまま使える。高校は旧制中学校を転用すればいい。

だが、新制中学は校舎も教師も存在しないのだから、教育のことでもあり、十分な準備期間を置くべきところだった。だが、そこは占領軍の強引さで、即時施行、となった。

急ごしらえの新制中学は、当時の貧しい日本のこととて、校舎はバラック、教師もろくにい

ないまま、見切り発車せざるをえなかった。

その点、私立の九学は、中学、高校、両方とも備え、校舎も教師も揃えていた。男女共学に懐疑的な両親にとって心地よい男子だけの学校でもあった。戦前、戦中の九学は、県立中学に落ちた連中を引き受けるのが主な役目だったのだが、かような事情から、昭和二十二年以降しばらくの間、県下の教育熱心な家庭は息子を九学の中学に入れようと競い合うことになるのである。

ちなみに、その後間もない昭和二十五年に朝鮮戦争が勃発して日本は特需景気にわき、経済復興が始まることになる。

不良仲間では、家や周辺の金属を手当たり次第に屑屋へ持ち込んで金に代えることがはやっていた。

ある日、年上の不良が家から持ち出した一片を持っていったら、屑鉄屋は、「本当にいいのだな」と念を押して、我々をじっと見つめた挙げ句、びっくりする程の多額を渡してくれたことがある。その一片は一体何だったのか、未だに不明のままだ。貰った金は右から左に煙草や買い食いに消えたのだが。

私たち百五十名は、学制改革の翌年、昭和二十三年に入学した。県下の俊秀をえりすぐった、といってよい顔ぶれだった。

どうしたわけか、恐らくはなにかの間違いで、私はこの入学試験の成績が五番で二組の副級長を拝命した。だから不良化の一路をたどる私に対して、教師の一部にはまだ期待感が残ってもいたようだが、シゲシャンは、「こいつ、もう勉強することはあるまい」と冷徹に見切っての提案だったのだろう。

チューサン訪問

高校進学

我々百五十名中、高校へ進学したのは九十八名だけだった。残りは県立高校へ転じたり、家族と共に東京や神戸に転居したりして去ったのである。代わりに、百名を超す新規入学生があった。主として県立高校に落ちた諸君で、彼らの救済こそ戦前以来九学本来の役割だったのだが、その中には札付きの不良も多かった。

他方、成績優秀な者百名を二クラスに編成したのだが、そのほとんどは中学からの進学者で、かく言う私も辛うじてその一つに入っていた。

私の立場は中途半端だった。新規入学勢の不良たちは本格派揃いで、喧嘩も刃物を使ったり町のやくざと組んだりしていた。彼らと張り合うには命がけの覚悟がいるが、そこまで頑張ったものだろうか。さればとて、勉強する気にもならなかった。

そして、時々廊下などですれ違うシゲシャンは、「おい、勉強しとるな」と声をかけ、私はにやにや笑いでごまかすしかないのだが、学期末試験の結果がわかれば、やってないのは一目瞭然で、「打ち殺される」ことになりかねないのだった。

私が勉強を渋っていた最大の理由は数学だった。小学校の算数以来、どうにも苦手なのだ。数学ができない限り、他の学科ができてもどうにもならない。だから勉強一般を、差し当たってはまず数学を、目の敵にしていたのだった。

チューサンは、高校でその数学の教師だった。小柄でねずみを思わせる冴えない風貌に由来するあだ名だが、中学しか出ずに苦学力行して教師の資格を取得された。専門分野にかけては九州大学や熊本大学の教授連も時に教えを乞いに訪れる実力者、などの噂の主でもあった。

「数学ほど面白いものはない」が口癖で、教えながら、チョークを使いながら、

「面白かろが？　面白かろが？」と問いかける癖があった。

一夜、私は彼を訪問してみた。数学のように下らんものを面白がる奴の正体を明らかにしたかったのである。戦後の貧しい時期にあっても、それは粗末な家だった。その家中に古い書物が溢れていた。渋茶を勧めながら、

「江戸時代の日本人は、今から君たちが習う微分、積分をもう和算でやってたんだ。これがその本だ」

と、古びた和綴じの本を示し、いろいろ説明してくれたが、全然理解できなかった。

「戦争に負けて、日本には何もなくなった。だが、数学は、紙と鉛筆さえあればできる。数学でなら、日本はアメリカとも競争できる」

と湯川秀樹博士のノーベル賞受賞の話をされた。

彼の話は全然わからないままだったが、彼が本当に数学を「面白い」と思っていることだけ

は、よくわかった。

「数学は面白いのかも知れん。一つやってみようか」と思い立った。

一念発起

高校一年生夏休み前の一日、本屋で、生まれて初めて「学習参考書」のコーナーへ行き、たまたま目についた岩切晴二著『解析精義』を買った。

熊本盆地の夏は暑い。夏休みに入ると、そのくそ暑い中、二階の自室で『解析精義』に向かい合った。

鉛筆を動かして実際に解いていくと、それまでまったく歯の立たなかった因数分解など、結構よくわかる。興味がわくまま、朝も昼も夜も、これにかかりきりになった。

びっくりしたのは母である。それまで机に向かうなど絶えてなく、どだい家にいることも稀だった私が、一日中二階に籠り切る日が続いたのだから、「病気にでもなったのか」と、かえって心配したようである。

どんどん進んで、八月末には微分、積分にまで及び、私はその面白さにしびれた。

「江戸時代にここまでやっていたのか。では、もっと先までやらねば」と、チューサンの言葉を思い出して考えたりもしたことだった。

新学期に入り、チューサンが、数学の実力考査をやる、という。

実力考査だから特に試験範囲はないのだが、二年生は微分、積分が主体、と聞いて、私は一年、二年の両方を受験したい、と申し出た。チューサンは、ちょっと怪訝な顔をされた後、「よかろう」と快諾された。

出来上がった高校で、かようなわがままがとおるかどうか知らない。

私が二年生のクラスへ行って、一番後ろの空いている机に座り、答案用紙を受け取ると、先輩諸兄はなんとも不可解な顔で振り返った。それはそうだろう、一年坊主が一人だけ、それもできの悪いと評判の私が侵入してきたのだから。

結果は全校を驚かせることになった。

この、いつも成績中位かその下でとりわけ数学は劣等、しかも不良がかっていて要注意扱いだった少年が、一年生の部では九十何点かで二番だが、二年生の部でなんと百点満点のトップとなったのである。チューサンは、「ほら、数学は面白いだろう」と言い、シゲシャンは、わざわざ我々の教室まで駆け付けてきて、「やったな。その調子で頑張れ!」とはっぱをかけてくれたのだった。

売り出し

数学で味をしめた私は、他の学科にも精を出すようになった。

なにしろ、トップ・クラスはあらかた他の県立高校などへ転じた後の、いわば第二軍のような競争環境でもある。一年の終わりまでに、私は全体のトップテンの常連になり、二年生からはトップ争いの一人になった。

これが、進学校たる熊本高校や、天下の日比谷高校などだったならば、とてもこうはいかなかったであろう。簡単に売り出すことができて、励みにもなり、さらに上を目指す気にもなったのだから、私にとって九学は有難い母校、というべきである。

年齢十五歳。昔の武家社会では元服の年に当たる。両親に命令されるでも、教師に強制されるでもなく、私は、自分の意志で、自分の足で、自分の人生を歩き始めたのだった。

九学のトップに躍り出たところで、「さて、次は何をやるべきか」と考えた。

やはり目指すべきは大学であろう。九学からは、京都大学、九州大学へ入った先輩が数名おり、私立には多く進んでいたが、東京大学へ行った者はいない。

「どうせやるなら」、私は東大を目標にする、と決めた。

これが毎年入学者を出している進学校なら、その学校の中で何番以内にいれば大丈夫、という目処が立つ。「新しい歴史教科書をつくる会」の西尾幹二名誉会長は東京、小石川高校の御出身だが、東大受験に関してはあまり心配しなかった旨、その『私の昭和史』で述べておられる。

だが、九学には、東大に関してそんな目処がないのだ。暗闇に向かってジャンプするような不安感があった。また、チューサンのような優れた学者、教師もいたが、進学校に付き物の受験職人的な、受験に直接役立つ指導者は皆無で、この面でも当てにならない。

私は、東大目標を決めると同時に、九学を一切当てにせず、万事自分一人で切り抜けることも決めたのだった。具体的には、自分の学習計画を立てて、それを遮二無二やり抜くこと、学校は可能な限りさぼること、である。

国語は、「徒然草」、「枕草子」、「方丈記」などの短いものは注釈付きで全部読んだし、英語は、アメリカの諜報機関CIAが対日教化策の一環として設けていたCIE図書館で、最初は絵本や童話を、次いで簡単な小説を、読んだ。

日本史、世界史は、参考書に面白いものがあって十分に楽しめた。

数学は岩切晴二を卒業して、もっとむずかしそうな本に挑んだ。

万事自分だけで、好きなようにやったのである。

その結果、単なる受験勉強ではなく、たとえば国文学に関する若干の知識など、ほとんどこの時代に身に付けたものだけで現在に及んでいる。だが英語の発音など、自分一人でできないものはまったく無視したため、後年アメリカへ渡って大いに苦労することにもなる。

今時の受験生は、幼稚園かもっと以前からその道に入るようである。中学、高校ではもううんざりして勉強が嫌にもなるだろう。

だが、私の場合、高校一年半ばまで全然勉強してなかったのだから、机に向かうことに新鮮な喜びがあった。こんな風に自分勝手に気侭《きまま》に進めるのは楽しかった。反面、受験生としては、東大を目指している全国の競争相手の中で、自分がどんな位置にあるのか全然わからず、闇夜で鉄砲を放っているような不安感が絶えず付きまとった。

また、喫煙癖は直らず、家でも学校でも吸っていた。学校での喫煙は、不良共に誘われて、トイレなどでやることが多かった。彼らは、優等生でもある私と一緒なら、たとえ捕まっても軽く済むのでは、と考えていたようである。誘われれば、酒を飲むこともやった。九学において、私は優等生兼不良少年として独自の地位を占めていたのである。

受験の日々

教養学科志望

戦後新設された教養学科への進学を決めたのはいつ頃だったろうか？　数学は好きだが、父も叔父たちもみな文科系ということもあって「大学は文科系」という先入観があり、また数学で渡世する自信もなかった。

反面、東大文科系の看板商品ともいうべき法学部、経済学部は権威主義の象徴のようで、それに対する反感のようなものがあった。そこへの進学コースたる文科一類へも行きたくなかった。その点、教養学科へはどこからでも進学できるのだから、文学部などへの進学者が多くて勝手のできそうな文科二類へひとまず進むことにした。

結果的には、次の「第二話」で詳しく語るとおり、教養学科から撥《は》ねられ、宝くじを引くような困難な試験を受けて嫌いだったはずの法学部に学士入学する、というなんともわけのわからぬ羽目になるのだが。

昭和二十九年（一九五四年）、二月末のある日、私は受験のため上京した。熊本駅には、九学の仲間が数名、激励に来てくれていた。

「君が東大に通ったら九学の誇りになる。頑張れ！」と、なにやらスポーツの試合に送り出すような励ましようだった。

当時の受験風景

最近は、受験生たちが一流ホテルに、それも母親付きでたむろしたりしている。だが、日本も両親たちもひたすら貧しかった当時の高校生は、旅館に泊まるのもはばかられ、それぞれ蜘蛛の糸ほどの縁を頼って、親戚などに寄宿させてもらうのが普通だった。

私は、きわめて遠い縁者たる「亭さん」のアパートへ転がり込んだ。本郷の裏町に位置し、試験場たる赤門へ歩いて行けるそれは、場所的には最適だった。だが、尋ね当てたその木造アパートの四畳半の部屋に、彼は女性と同棲しており、そこへお世話になるのだから、世間知らずの私でも、いささか気兼ねしたことだった。

試験初日の三月三日、九州では見たこともない大雪の中を、亭さんのベレー帽をかぶり、下駄ばきで出かけた。三日間の試験が終わり、数学だけはチューサンのお陰もあって全部できたようだが、他の課目の成果については皆目見当もつかなかった。九学からの受験生は私一人だけなのだから、仲間と確かめ合うこともできなかった。できれば合否発表まで東京へ留まりたい私に、亭さんは友人たちを紹介し、私は彼らの部屋を転々とした。

亭さんにしてみれば、四畳半の愛の巣に、高校生坊主を同居させるのはうっとうしかったのであろう。こうして転々とした一軒で、オランダ産のバターをパンに塗って食べ、そのおいしさにいたく感動した覚えがある。それまでマーガリンしか知らなかったからだ。

九学の受験生仲間と示し合わせて、新宿で一杯飲んで、千駄ヶ谷あたりのスケートリンクでスケートを経験、初めてのことだし酔っぱらってもいるので、尻餅ばかりつき、帰りの山手線の座席がびしょ濡れになった記憶も鮮明にある。

こんなことをやっているうち、持参の金がなくなった。

予定を変更して帰郷するしかない。こんなこともあろうか、と、電報の合否通知を熊本宛に頼んでおいてよかった。列車に乗るべく東京駅へと向かった。

龍ちゃんとの再会

そこで思いもかけず龍ちゃんに出会った。この広い東京で、しかもあの東京駅で、よくも出会ったものだ。彼は九学の中学で同級生だった。

喧嘩の天才。

九学に入学以来、学校の内外でほぼ毎日いろんな相手と喧嘩を繰り返し、負けたことがなかった。クラス全員が彼に一度は殴られていたのだが、私だけは、奇妙に気が合って、それを免がれていた。宇土の田舎の出身で、やはり九学に来ている弟と熊本市内に下宿していた。

ところが三年生の二学期、材木屋を営んでいた父親が破産した、とのことで、下宿を引き払い、宇土の中学校へ転校していった。それ以来、三年ぶりに会ったのである。

お互いに喫茶店へ入る金もないまま、あの東京駅の雑踏の中で話し込んだ。

彼は宇土高校の入学式の日から喧嘩に取りかかった。またたく間に一年生を征服し、二年、三年の猛者連を次々に倒して、とうとう三年生番長との対決となり、相手の刀を奪い取ってその太ももを刺した。退校になり、するとそんな龍ちゃんを受け入れてくれる高校なんぞ熊本県下にはない。家は破産状態のままだ。

彼は、わずかの金を握って上京し、食うや食わずで定時制高校に入った。もう喧嘩はせず、まじめに勉強して働くつもりだったのだが、やはり見る人が見れば目立つのだろう、その定時制高校の番長に挑戦された。

「その頃は、一日コッペパン一個の生活でな、長引いては勝ち目がない。だから、溝の近くまで誘き寄せて、一発で溝に叩き込んだ。その後は、そんな馬鹿はいなくなったよ」

この昭和二十九年当時は、ベッド工場に住み込んでおり、一応安定した生活になっていた。

彼も大学受験を果たしたばかりで、「お互い、合格してまた東京で会おう！」と別れた。

もしも彼があのまま九学に留まってその高校へ進んでいたらどうなっていただろう？

彼は、その王座を守るべく、新規入学の不良連と一々やり合ったに違いない。すると、私も彼につき合って、そちらのほうに血道を上げ、チューサンとの出会いも勉強もないまま、まったく別の道を歩んでいたことだろう。

人生何が幸せで何が不幸か、それは棺を覆うまでわからない。だが、彼と私が中学三年生で離れたのは、お互いのためによかったのでは、と思われた。彼は、すさまじい苦労をしているだけに、九学仲間にはない、落ち着いた、深いものの見方をするようになっていた。

私は、古い友達を新しく得たことが嬉しかった。そして、彼との新しい付き合いを始めるためにも、「合格したいな」と改めて願うのだった。

蛇　足

九学はルーテル系のミッションスクールである。毎朝、朝礼で賛美歌を唄い聖書講義を聞き祈る。週一回、宗教の時間がある。これを六年間続けたのだが、クリスチャンになることはないままだった。

私は、新約聖書のイエスには惹かれるところがあったのだが、なぜ、教会や牧師を介してしかそれと接することができないのか理解できなかった。

週に一度の宗教の時間では、牧師をやり込めるべく議論を吹っかけるのが常だった。生意気盛りの同級生たちは、それを傍聴し、私に応援するのを楽しみにしていた。牧師をやっつけたいだけのために、新約聖書を読んだ。旧約聖書はほとんど知らないままだった。

だが、ミッションスクール六年間の影響は、後年思わぬところに現れた。

「第四話」、「第五話」で見るように、三十歳以降の私はアメリカや欧州で仕事をすることになる。彼らの会話には、聖書の引用句が、意識的、無意識的に頻繁にまじる。その出典を理解していないと本当の意味が取れない。そして日本のビジネスマンでこれができる人は少ない。私が、「日本人には珍しく現地のことがよくわかる」など言われたのは、このせいもあったのだろう。

また、苦しいときには聖書を読み、晩年、無教会派で信仰を得るようになるのも、その影響が時をおいてじっくりと出て来たのかもしれない。

不良少年だった私が勉強を始めたのは、シゲシャンの脅しもあったにせよ、自分で思い立ってのことだった。自分で目標を定め、自分の足で歩くことを始めた。我がチャレンジ人生の始まりである。もしも進学校にいたならば、私みたいなモッコスは、周囲の風潮に反発して、大学なんぞ行かなかった可能性が大なのであり、九学は私にとっては最高の環境だったのかもしれない。

数年前、九学で講演したことがある。ショックだったのは、廊下で見た赤い女子トイレの標識だった。九学は、恐らくは経営上の理由から、今や男女共学に様変わりしているのである。私たちの年度には、九州大学などにも数名合格し、九学は一躍進学校の観を呈した。それに味をしめて、学校側でも進学校として売り出す色気を出したようだ。

だが、我々世代の進学は、九学の指導や施策よりも、むしろ我々自身の素質に依存していたのではなかったろうか。だから、六三三制が軌道に乗って来て、優秀な子弟は県立高校へ流れ、九学はその落ちこぼれを救済する、という戦前からの構図に戻ると、九学は進学校とは言いにくい状態へ戻るのである。

反面、スポーツでは野球、ボクシング、駅伝など、各分野で全国レベルの活動を続けている。昭和二十三年入学の連中の忘年会は、東京でも毎年三十名内外のオールド・ボーイを集める。校旗をかかげ、最後は賛美歌で終わる例である。

第二話　東大で独学――空回りの六年間――

学生時代の始まり

蕎麦屋での入学式

昭和二十九年（一九五四年）四月初旬のある日の昼下がり、龍ちゃんと私とは、国鉄（現ＪＲ）東中野駅近くの蕎麦屋で向かい合っていた。

その前夜、「入学式の前夜祭だ」ということで、新宿西口の屋台で明け方まで飲みに飲んで、起きたらもう十一時をまわっていたのである。

入学式に間に合わぬのはもとより、龍ちゃんが仕事を始める時間も大きく過ぎている。そこは彼が働くベッド工場の中の寮であり、もうみんな働いているている最中なのだから、石油コンロで飯を炊くのもはばかられて、二人は出てきたのだった。

見るともなくＮＨＫテレビ正午のニュースを見ていると、東京大学の入学式が出てきた。矢内原忠雄学長訓辞の場である。「これで入学式に出たのも同じだ」と、なけなしの残金をポケットの中で確認し合った上で、ビールを注文した。彼も法政大学第二法学部（夜間）へパスしており、昨夜の痛飲はその祝いを兼ねてもいたのである。

今にして思えば、入学式を二日酔いでさぼって蕎麦屋で迎えたこの一件は、来るべき私の大学生活六年間を暗示していたように思われてならない。自分なりに一生懸命勉強はするものの、学校へは一切行かず、一方では酒などの快楽に溺れていつも金に困る、そんな学生生活に成りゆくのだから。

学校が始まってからも、私はしばらく彼の部屋に住み着いていた。彼の父は製材業を畳んで後、精米所を営んでおり、だから米だけは豊富に送ってきていた。その米を石油コンロで炊いて食うのである。おかずは、近所で売っている五円のコロッケが最高のご馳走で、炊きあがる寸前に醤油をぶち込んだだけの「醤油飯」のことも多かった。

世間知らずの私は、そんな自分が彼の負担になっていることがわかっていなかったし、彼はまた、ひどい貧乏暮らしをしながら、私を追い立てたりは絶対にしない性分だった。

成城の下宿

やがて、私は自分の下宿を見つけて引っ越した。それは世田谷区成城の一画に位置し、グランプリ女優・京マチ子邸の隣だった。かなり大きな邸宅には、おばさんと、一橋大学を卒業して就職したばかりの息子が住み、他にアメリカ兵と日本人妻とが洋間を借りていた。

おばさんは下宿人を置いて、息子の学業を助けていたのだろう。食事は出さず、外食である。

かように、成城で外食に踏み切ったあたりが、私の馬鹿さ加減を遺憾なく示している。当時はまだ「外食券食堂」なるものがあり、そこで食うには外食券が必要、とのことで、母は熊本で苦労してそれを手に入れ、持たせてくれたのだが、京マチ子なんぞが住む高級住宅街成城には外食券食堂などなかった。

風呂屋も、駅の向こう側、かなり離れた所に一軒あるだけだった。私のような貧乏学生が気兼ねなしに入れる店は、駅前の蕎麦屋くらいのものだった。

私なんぞは、駒場寮に入って奨学資金を貰うことをこそまず考えるべきだったのだ。

駒場寮は、社会主義革命を目指す全学連の巣窟ではあったが、安く暮らすには最適の場だったからである。

だが、九学初の東大進学者だった私には、そんな知恵を付けてくれる先輩が皆無だった。妙に意固地な性分で、年齢若くしていわゆる「肥後モッコス」の一面を持つ私だから、学校の生活指導部門に相談することもしなかった。学校へ行ってみると、寮の申し込み、選考はとっくに終了していた。

奨学資金の申し込みには辛うじて間に合った。だが、申込書の「父の職業欄」に「会社社長」と記入したため、面接で、「会社社長の息子なら、奨学資金はいらないだろう」と言われてむかっ腹を立て、そのまま退席して終わったから、これも駄目だった。父は、永年のサラリーマン暮らしの後、資本金十五万円の会社を興したばかりで、まだ軌道に乗っていないため、サラリーマン時代よりも遥かに貧しい「社長」だったのだが。

貧しい時代なだけに、学校では家庭教師などのアルバイト（バイト）斡旋に熱心だった。当時の東大生は貧乏人揃いで、みんなバイトに励むのが常識だったのだが、私は、そんな風潮に乗る才覚もないまま、成城に住まいして、バイトもやらず学校へも行かずに、呆然と日を送っていた。

私は東京というこの巨大な町に全然馴染めなかった。

この違和感は一体何だろう？　ある日、はっと気付いた。それは山が見えないことだ。熊本では、どこに行っても山が見えた。だが、ここでは山が見えない。

私は渋谷の東急デパートの屋上に登ってみた。だが、四月の春がすみの中で山が見えようはずもないのだった。

三十歳を過ぎてから、私は、言葉、文化の違う外国で働き、暮らすことが多かった。その度ごとにいわゆるカルチャーショックを覚えることはあった。しかし、十八歳にして経験した、この熊本から東京へ、九学から東大へ、のショックに比べれば、いずれも小さなものだった。

落ちた英雄

田舎者

日比谷高校以下の都立高校が、受験戦場で圧倒的にハバをきかせていた時代である。五十余名の同級生の大半は東京出身者だった。彼らには、なにしろ地元のこととて、私が痛感しつつあったカルチャーショックなど全然なかったし、同じ高校からの仲間も大勢いる。彼ら同士で親し気に話しているのだが、まずその東京弁に圧倒された。

軽やかで、いかにも利口そうに聞こえるのである。

私は、生まれて初めて、自分の熊本弁に気付き、それでしゃべるのを恥ずかしく感じた。また、九学での私は、優等生兼不良として独自の地位を占めており、校内で誰知らぬ者ない存在だった。だが、ここでは、私に敬意を表する者なんぞ一人もいはしない。いたく自尊心を傷つけられた私は、彼らと交わろうとせず、たまに学校へ行っても、自分の殻に閉じこもりがちだった。

「おなご」に負けた！

大ショック到来は、新学期が始まって間もない五月十七日だった。その日の日記はその衝撃の程をくわしく描写している。

ドイツ語の富山芳正先生は、旧制第一高等学校以来有名な鬼教師で、初等文法に関して、毎時間のように試験をされた。その初日が五月十七日だったのである。

紙片を配られる。先生が問題を言われ、我々はその答えを紙片に書く。隣同士で紙片を交換する。先生が各問題の正解を言われ、各人、隣人の採点をする。紙片をそれぞれ本人に戻す。「青木、甘利、――」と、名簿順に先生が名前を呼ばれ、それぞれ自分の点数を申告する。だから、みんながみんなの点数を知るわけだし、ごまかす気があればいくらでもできる。

さて、小学校四年生で終戦を迎えた私は、戦後の混乱の中、小学校ではとうとう男女共学を経験しないままだった。九学は前述のとおり男子校で、女学生とは常に恋愛遊技の対象に過ぎなかった。男尊女卑の風がまだ強かった熊本でもあり、女子《おなご》は常に愛すべき存在であって、それを自分と同列に見ることはなかった。

家庭では、鹿児島で育った父が絶対権力者で、母以下の家族は、私も含めて、それを当然のことと受け止めていた。

ところが、ここ駒場では、四人の女子同級生がいる。そして、私は、その一人に、恋とも憧れともつかぬ甘い感情を抱いており、学校へ行くのも、実は彼女を見たいがためだったのである。そしてこの五月十七日、十点満点の試験で、私は三点しか取れなかったのに対して、彼女は九点だった。私は打ちのめされた。「おなご」に負けた、という屈辱感。こんな様《ざま》では彼女への求愛なんぞできっこない、という絶望感。

九学の英雄が、かつて味わったことのない劣等感であった。

私は登校をやめた。成城の四畳半の部屋で、一人悶々として過ごした。あの爽やかな東京弁をしゃべる連中との差は無限大、と思われた。「おなご」にも負けるようでは、もう見込みなし、とも思った。

やるぞ！

だが、やがて、「このまま引っ込めるか。追いつけないことはあるまい。勉強しよう！」という気分になってきた。九学での勉強は、所詮、受験のためだったが、今度は広く学問を修めるんだ。同級生に追いつき追い越すのが目的だ。

具体的には、まず富山先生のドイツ語だけは、授業にも出るし、予習、復習も徹底的にやることにした。五月十七日の屈辱を繰り返さないためだが、後年、ドイツに住んで仕事をし、このドイツ語に助けられることになるのだから、世の中はわからない。

ドイツ語以外は一切授業に出ないことにした。同級生たちとの差が大きいから、学校なんぞに付き合っていてはいつまで経っても追いつかぬ、と考えたのである。事実、教科書も買わなかった。

経済学、哲学、国文学、日本史、世界史、英文学、旧約聖書、新約聖書を学ぶことにした。広い学問諸分野の中から、何ゆえにこれらの課目を選んだのか、今では不明である。

もっとも重視したのは経済学だった。アダム・スミスに始まって、マルサス、リカード、ミルと連なるイギリス古典学派を全部英語で読んだ後、教養学部二年間の間に、マルクスの「資本論」をドイツ語で読破する、とした。

哲学では、プラトン、ショーペンハウエル、ニーチェを選んだ。これもまったく独断と偏見に基づいた選択である。その他の課目に関してもそれぞれ書物を選んだ。ドイツ語以外は一切授業を受けない前提で厳しい自学自習の時間割を組み上げた。九学時代の受験勉強と同じやり方である。そして、京マチ子邸の隣の四畳半で、猛然と勉強に取りかかったのだった。

半世紀近い時間が流れ、古稀といわれる年齢にも達しようとしている今、これもまことに愚かな行ないだった、と思う。駒場には、これらいずれの分野に関しても、一生をそれに打ち込んでこられた先生方が大勢おられたのだから、独力で進めるにしても、まず彼らに相談すべきだったろう。そうすれば、経済学にしても、これら十八世紀から十九世紀にかけて役割を終えた書物を、しかも原語で読んで膨大な時間を空費することなどなかったであろう。哲学についても、もっと体系的な学び方を教えられたであろう。

また、クラス担任の小池辰雄教授はドイツ語教師として独自の存在感を示しておられたのだが、同時に無教会派クリスチャンとして深い境地に入りつつあられた時期だった。

一人で自分勝手に聖書を読むのではなくて、級友たちの幾人かがやっていたように吉祥寺のお宅へ伺って、先生の教えに謙虚に耳を傾けていたら、私にとってあるいは別の人生が開けていたかも知れないのである。

小説執筆

入学後間もなく、クラス雑誌が発刊された。私は、「九学時代」という小説を載せた。これは、中学当時、けちな不良少年としてブラブラしていた頃の経験をうんと誇張し、喧嘩、セックス、酒などの悪徳をたっぷり盛り込んだ代物だった。不良仲間が好んで使っていたやくざの隠語を、会話の中にふんだんにちりばめた。

当然のことながら、優等生揃いの同級生たちは驚愕した。勧められるままに二回連載し、面倒になって未完のままそれで止めた。石原慎太郎の『太陽の季節』が「文学界」に掲載されたのはこの翌年、昭和三十年（一九五五年）のことだから、不良小説の先鞭を付けていた、といえないこともない。だが、こんなものを書いたのは、勉強ではまだ勝てそうにない東京の秀才たちを脅かしてやろう、という劣等感の裏返しに過ぎなかったのである。

入学後間近い四月二十九日の日記は、「つつじ咲く、駒場の原に寝転びて、富士の高さをしみじみと思う」、と短歌のごときものを残している。これは、新入生としての希望と向学心を素直に表現したものであろう。だが、五月十七日ショックを経て、その向学心はおかしな方向へとねじ曲がっていったのだった。

一応計画に沿って勉強してはいたが、乱読の気味もあり、たとえば計画をはみ出して、ジャンジャック・ルソーの「エミール」、「告白」、「人間不平等起源論」などを英訳で読んだりもした。

また、音楽関係のものをのぞいたり、さらにはゴッホやロートレックなど、物語り性の強い画家の画集を買い込んだりもしていた。「原書」も画集も高価だったから、これらも「借金王」への道へと繋がっていく。たしかに、学校なんぞへ行っているひまはなかったのである。

借金王

いろいろ活躍

かくて勉強に取りかかった私だが、実は他の分野でも結構活動していた。

第一に、いつも酒が飲みたくてたまらず、しかも飲み始めるとベロベロに酔いつぶれるまでやめられない大酒飲みだった。

熊本に三人、東京に一人のガールフレンドがいて、そんな関係でしょっちゅう熊本へ帰っており、学校の出席率はますます悪化する一方だった。ちなみに、この「熊本に三人」の一人が現在にも及ぶ妻となるのだが。こんな次第で、優等生兼不良の二面性は、東大生としての私にも残っていた、というべきか。

アダム・スミスの「国富論」など読みながら、最後は「資本論」へ行き着く前提で、マルクス主義への関心は高かった。これは、「冷たい戦争」が進行する中、学校ではしょっちゅう全学連が騒いでいるし、新聞の論調なども、左派を正義、とするような風潮もあって、関心を持たざるを得なかったのである。

この少し後、昭和三十二年（一九五七年）、ソ連が、大陸間弾道弾（ＩＣＢＭ）実験成功、世界初の人工衛星（スプートニク1号）打ち上げ成功、初の原子力砕氷船レーニン号進水、とつるべ打ちに発表したときには、「やはり社会主義のほうが進んでいるのだろうか、だから科学技術の面でもこんなにもリードするのだろうか？」と疑ったことだった。

私は、いわば当時の学生の義務のような感じで、マルクス主義の文献を読んだ。だが、その理論には全然同調できず、読めば読む程反感を増す一方だった。

現にデモ行進へ参加したことは一回もなかった。これは当時の駒場では極めて稀な例である。そのくせ、神田の古本屋でみつけた、エドガー・スノーの『中国の赤い星』の原書を読んでは、「北征」のくだりで少年兵たちが「革命万歳！　人民軍万歳！」と叫ぶところで涙したりもするのだった。

せっかく入った東大なのに、東大生の秀才面がいやでたまらず、彼らとの付き合いを避けた。そのくせ、その東大を踏み台にして、政治家として権力を振るうことなど夢想する権力志向もあった。これは、中途半端に読んだニーチェの影響などもあったのかも知れない。要は、矛盾だらけ、八方破れともいうべき学生生活だった。

月額九千円

上京前に、両親と私は送金額について協議した。部屋代三千円、食事代三千円、学校への定期券代五百円、書籍代小遣いで二千五百円、合計九千円あればなんとかなる、ということになった。

父は、「会社を始めたばかりで手許は苦しい。だが、同様に苦しかったおじいちゃんが私たちに送金してくれたのだから、毎月これだけは必ず送る。それ以上は送らない。お前は、あればあるだけ無駄に使うほうだし、こちらにも余裕はないのだから」と明言した。

父は少年時代からスポーツの万能選手で鳴らした。「神童」といわれる秀才でもあった。それだけに、嫡男たる私への期待感はもともとは強かった。だが、その私は、ぼんやりした子供から不良少年へと、父を失望させるばかりであった。東大入学は、そんな私が父を喜ばせた唯一の親孝行だったのかも知れない。

実際には、入学後、成績不良、金銭浪費、それに卒業と同時の結婚問題などで心配をかけ続けることになるのだが。

蕎麦屋のもり、かけが二十五円、ざるが三十五円の時代だった。今、学生が入るような大衆蕎麦屋でそれぞれ五百円、六百円である。ざるの値段でいえば一七倍、だから当時の九千円は今十五万円となる。決して少ない額ではない。現に駒場寮に住む同級生で九千円もの送金を受けている者は少ないようだった。だが、東京で九学の仲間などを観察すると、下宿している連中は平均一万二千円は受けており、この面からいえば若干不足、となる。

さて、その金で私はどんどん本を仕入れた。酒を飲んだ。ガールフレンドたちとしょっちゅうデートをした。

音楽会にも出かけた。ソニーの社長、会長として名を馳せることになる大賀典夫氏のシューベルト「冬の旅」を日比谷公会堂で聞いて、「全然駄目だ」と日記で酷評したりもしている。

その頃の東大は貧乏人の子弟が多くて、地方出身者はすべてバイトに精を出していたが、私にはまだそんな才覚もなく、毎月二十七日頃到着する九千円の現金書留だけに頼り切っていた。

当然の帰結として、私の九千円は月半ばまでももたなかった。「金がなければ飯は食えない。飯を食わねば腹がへる」という深刻な事実を、京マチ子邸の隣で初めて体験することになったのだった。

質屋、寸借

背に腹はかえられない。

まずやったのは質屋通いである。腕時計に始まって乏しい洋服類などしゅっちゅう質に入っていた。

次は、友人連からの借金である。学校にはまだ親しい友人がいないし、彼らも私と同じ位貧乏だったから、もっぱら九学出身者を襲い、寸借を重ねた。やがて同級生からも借りるようになった。奨学資金支給日に、事務所前で待ち受けて、支給された奨学資金を右から左に借り受けるようなこともやった。

一度、大学病院で血を売ったこともある。学校内の張り紙を見て行ったのだが、採血に当たった年輩の看護婦は、血を抜きながら、「こんなことしちゃ身体をこわすわよ。二度とやらないでね」と訓戒ばかりしていた。

元気をつけるべく、その金を握って渋谷の「鯨屋」(今も健在) で鯨のステーキを張り込み、ビールを何本か飲んだらそれで血液代金はおしまいだった。この後、しばらくの間だるく、身体の調子がおかしくなったので、売血だけは以後やったことがない。ちなみに、当時私たちが肉らしい塊を口にできたのは鯨肉に限られていたものだが、今の「鯨屋」は高級料理屋並みの高値を示しており、世の中随分変わるものである。

父は、送金額決定の際、私が金銭感覚に乏しいことを指摘したが、これはまことに正しかった。私は、この後、バイトをやって収入を増やしたり、県人寮に入って生活費を切り詰めたりするが、その県人寮でも、借金を重ね、寮、近所の飲み屋、食堂などへの借金を残したままの卒業となるのである。

それらは、卒業と同時に就職、結婚して、初任給一万四千五百円、私がバイト収入も含めれば大学後半に毎月使い散らしていたのとあまりかわらない金額で夫婦二人生活し、やがて最初の子供に恵まれ、毎晩二級酒を飲む暮らしの中から、数年がかりで妻が返済してくれて、私はようやく借金地獄から抜け出すことになるのである。

失意の日々

期末試験

九月、大学で最初の学期末試験である。

だが、私は、教科書も持たず、講義には全然出ておらず、そして、生協書店で販売している講義録のプリントを買う金もないのだから、準備のしようがない。そのくせ、「これだけ自力で勉強しているんだ。その実力は、東大教授連が本当にわかっているのなら、必ずや評価されるに違いない」など、客観的にはまったく脳天気な態度であった。

試験はすべて論文式であった。私は、出された問題にはこだわらず、自分の勉学の結果を一方的に書きまくった。

同級生たちは、「先生の講義の他、その本を読んで、最近発表された論文にも目を通していたんで、問題は予測できたよ」などと得意げに語っていた。私は、「下らんことをやる奴らだ」と軽蔑しながら、考えてみれば、志望する教養学科はなかなかの難関で、級友中の上位にいなければ進学は難しいのだから、不安な気もするのだった。

一カ月間の秋休み、私は帰省した。

一人暮らしに慣れかかったせいか、両親、弟妹との生活は、「腹がへる」リスクはないにしても、煩わしくて面白くなかった。また、九学の英雄気取りだった私は、「おれなしでは、九学仲間は崩壊しているのでは？」と自惚れていたのだが、実際には、私抜きで、進学組も就職組も結構楽しくやっていた。私はそれが不満で面白くなくて、わけのわからぬフラストレーションを募らせていた。試験結果が改めて気掛かりで、「こんな勉強の仕方でいいんだろうか？」と疑問も湧くのだった。

阿蘇無銭登山

十月十六日、十九歳の誕生日の前日、私は阿蘇山へ向かって歩き始めた。

ポケットには十六円だけ。

阿蘇は大好きでよく登ったが、熊本から外輪山を越えて登り口まで五十キロはあり、バスか列車で行くのが普通だった。だが、その日、私は昼食後の散歩の足をそのまま東へ向けて、大津《おおづ》街道を歩き始めたのだった。大津の町へ着いたのが夕刻、そこでパンと饅頭を食ったらもう無一文である。湯の谷温泉着が夜の八時。秋の山路はもう真っ暗だ。

噴煙を上げる中岳に登るつもりだったのだが、道はわからないし、猛烈に寒い。しばらく地獄と呼ばれる地の湯気の中に立っていた。湯気は暖かいが、とても臭い。その臭いに耐えかねて、またのそのそ歩き出した。じっとしていては寒いので、時々駆け出したりもした。

真っ暗の山路。向こうから黒いものが動いてくる。

「やれ嬉しや。こんなところに人が!」

ところが、近付いてみると、これは放牧の牛なのである。こうやって一晩中、阿蘇山中を放浪した。寒さに凍えることも、転がり落ちて怪我することも、牛に踏み殺されることもなかったのは、神の御加護としかいいようがない。

白々と夜が明ける頃、立野《たての》を過ぎた。やっと明るくなって、栃の木、戸下の温泉街を抜けた。寒いし、空腹だし、疲れ切っている。「ここで温泉に入って、一杯やって、朝飯食って、ぐっすり眠ったら」とは思ったが、そのままひたすら通り過ぎた。

そんな費用も結局は父に尻拭いしてもらうしかない。こんなことでまで父に頼らざるを得ない自分が情けなかったし、そんな助けを求めたくはなかったからである。

午後一時、大津に着いた。まる一昼夜歩き通したことになる。もう欲も得もなく、八百屋をやっている友人宅を訪ね、友人は早稲田大学で学んでいる最中とて、その姉さんに借金して、パンを食って、バスで帰宅した。

まかり間違えば死ぬ危険もあったこんな愚行をやったのはなぜだろう？　この頃の私のやることは、例の自分勝手な勉強を始めとして、万事愚行ばかりだった、ともいえよう。そんな自分が嫌になっての、やけくその行為だったのだろうか？　試験結果、進学への不安がきざしてのことだったのだろうか？

ガールフレンドたちとのデートも大して楽しくないまま、私は上京したのだった。

惨憺たる成績

十一月十五日に受け取った成績表はふたたび衝撃的だった。

優、良、可、不可の四段階評価で、十課目受けたのだが、まず「体育実技」が「不可」である。私は、体育だけは大方の東大生より優れていたと信ずるのだが、何しろ一回も出席していないのだから仕方がない。小池先生のドイツ語が「可」である。もう一人のドイツ語教師富山先生の試験に恐れをなして、そちらにばかり力を入れていたせいだろう。何かとお世話になるべきクラス担任から「可」を付けられるとは、世渡り下手もいいところだ。肝心の富山先生のほうは、後半かなりいい成績を取っていたのだが、成績表は「良」となっていた。他の七課目はすべて「良」だった。前述のとおり、出された問題を無視して、自分の言いたいことだけ勝手に主張した答案だったのだから、それで「良」は有難い、と申すべきか。

だが、困ったことに、私が志望する教養学科は競争激甚で、成績優秀でなければ進学は覚束ない。現に、そこを志願する同級生たちの多くは、「全優」かそれに近い出来のようだった。進学は、これと来春の学期末試験、この二つの試験の成績だけで決まる。

出足がこれでは、来春どう頑張ったところで、教養学科は難しそうだった。

その来春、両先生のドイツ語こそ「優」になったが、その他は「良」か「可」だらけのままだった。ドイツ語しか出席せず、自分勝手な勉強しかやらない態度を改めなかったのだから、当然の帰結だ。

教養学科にはねられて、全然興味のない教育学部社会教育学科なるところへ回されることになった。

大学後半

教育学部拒絶

この次の第三話で述べるように、私は教育に関心がないこともなかったのだし、教師としての適性だって少しはあったのかも知れない。だが、なんせ天下のわがまま者、モッコスだから、自分の意志を無視して自分の希望と異なる部門へ回されたことでもう頭にきていた。

当時の教育学部卒業生の多くは高校、中学の教師となったのだが、彼らは揃ってバリバリの左翼闘士たちで、その後の日教組の中核をなすことになる連中である。みんな「社会科、譲っても国語の担任」を希望していたが、これもそれらの科目が子供たちに思想を伝達するのに好都合だからだ。私としてはどうにも付き合いにくい仲間たちだった。

私は、まず退学して入学試験を受け直すことを考えた。次には京都大学法学部三年生への編入試験を受けようとした。だが、父はそのいずれにも絶対反対で、「二年かそこら余分にかかっても、浪人したと思えばいい。ともかくひとまず教育学部へ行って、その後のことを考えろ。その間の送金は続けてやる」と言ってくれた。

私はそれに妥協した。「法学部に学士入学しよう。司法試験を受けよう」と目標を定めた。もともと法学部が嫌いで文科二類へ入学したはずなのに、一年半にしてもう変節だ。

自分のわがままな性格からして、役所や会社では勤まりそうにないから、弁護士を目指すことにしたのである。決心に当たって、法学部への学士入学が一体どんな仕掛けなのか、まったく確かめることもなかったのが私らしい脳天気ぶりであった。

今、私は駒場の教養学部二年間から本郷の教育学部へ進むところだ。本郷で私は通算四年間を過ごすことになる。私の大学生活は三分の一を終了したばかりである。だが、心理的には、これで前半戦を終わった感じだし、混沌の根本部分は過ぎた観もあるので、以下を「後半」として略述することにしよう。

龍ちゃんとの同棲

間もなく、私は成城を抜け出して、駒場に近い井の頭線「池の上」駅付近で、龍ちゃんと二人で自炊を始めた。私が家賃を負担し、彼は米を提供する定めである。

おかげで私はやっと空腹から逃れることができた。とにかく米だけはあるから、石油コンロで炊いて食うことができるのである。醤油飯のことも多かったし、おかずと呼べる程のものはなく、現在の栄養学などからは無茶苦茶な食事だったが、ともかく飢えることはなくなったのだった。近所の天ぷら屋で特別大きな豚カツを十円で売っていたのが最高のご馳走だった。

だが、そのうちに、その天ぷら屋が、「犬の肉を使っていた」と新聞記事になった。我々はかなりの量の犬肉を有り難がって食っていたのである。

龍ちゃんは、いささか生活に余裕ができて、大学の空手部に入り、そこでめきめき頭角を現していた。

私の仕送り九千円が届いたある夜、二人で新宿西口の屋台で飲んでいると、学生服の大男たち数名が彼に挑んできた。某大学相撲部の面々だそうな。彼は制服制帽で大人しくしているのだが、それでも、時々こんな目にあうことがあった。彼は言を左右して逃れようとしていたが、逃れられぬ、とみるや、私に、「そこから動くな！」と命じておいて、彼らについて外へ出た。私は心得て、勘定を済ませて待機していた。中学時代によくやった筋書きである。やがて、彼は顔をのぞかせ、すぐ出てくるよう合図した。外では細い路地のあちこちに大男たちが倒れ、そろそろ人だかりがしかかっている。地回りなんぞが現れないうち、我々は足早に立ち去った。

私は、断固として教育学部へは登校せずに勝手な読書を続けていた。

彼は、毎晩学校へは行くものの、教室へは顔を出さず、空手修業に打ち込んでいた。

彼は、時々私に、「今、どんな本を読んでる？」と尋ね、私の説明を熱心に聞いた。これが彼の勉強だった。彼には、その説明を理解する賢さがあった。

そして、そんな勉強が、後に「第三話」での組合つぶしで役立つことにもなるのだった。

やがて彼の姉が上京、彼は姉と暮らすことになって、我々の共同生活は終わりを告げた。

有斐《ゆうひ》学舎

「また空腹との戦いか」、餓鬼道へ戻ることを恐れる私に、耳寄りな話が届いた。肥後藩主たりし細川侯爵が、熊本出身学生たちのために作った県人寮がある、というのだ。

有斐《ゆうひ》学舎。

早稲田大学の近くで本郷へ通うには便利だし、なによりも、六畳に二人で住んで家賃が月額三百円、これは安い。食堂で朝、晩食わせてくれるから餓鬼道に落ちる心配もない。

熊本の土地柄もあってか、そこには左翼学生は少なく、寮内でそんな動きを見ることは皆無だった。その代わり、「殉国青年隊」などと称する右翼やくざの隊員がいたりした。

酒と麻雀が盛んで、毎晩、どこかの部屋で賑やかにやっていた。私は、相変わらず自分勝手な読書を続けており、部屋にある限りいつも机に向かっていた。

やがてそんな私を慕って年齢下《としした》の連中が集まるようになった。有斐学舎では、これも熊本流に、それぞれ出身高校別の派閥に固まっていたのだが、そんな中で私のグループだけは、いくつもの出身高校にまたがる独自の存在となっていった。

酒好きが揃っており、近所に開店した飲み屋に毎晩集まっては、焼酎や安酒を飲みながら議論を交わすのだった。家庭教師を週二回やって、送金の九千円に加えて三千五百円稼ぎ、家賃三百円で済むのだから、私の生活はかなり楽になったはずだ。しかし、学生の身で毎晩飲んでいるのだから、我々一同、その飲み屋だけでなく、寮、その食堂、近所の食堂、などに多額の借金を抱える身となったのだった。本郷へは都電一本なのだが、定期券なんか買ってないし、十三円の乗車券代もなく、代わりに早稲田の講義を聞いたこともよくあった。ここで法学部を卒業することになるのだが、こんな次第で、法学部にも皆勤とはほど遠い出席ぶりだった。

家庭教師の舞台は、浅草芝崎町——当時の国際劇場、現在の浅草ビューホテル裏、愛知県出身のお菓子製造の小企業が軒を連ねる一帯だった。五月の三社祭には、近所の若い衆たちに混じってみこしを担いだ。終われば町内の家々によばれてベロベロになるまで酒を飲み、その町内のはっぴを着ていけば、六区の映画館やストリップ劇場が木戸御免なのが嬉しかった。

そのうち、彼ら、その辺の商店や食堂や劇場の若旦那たちのオートバイ愛好家グループに仲間入りした。子供のときからのオートバイ好きで免許は自動二輪を持っている。自分でオートバイを買うなど借金王としては夢のまた夢だから、誰かのものを貸してもらうのである。

首都高も名神高速もまだない当時、浅草から上野、銀座へとパレードしたり、国道16号線を一日がかりで一周したり、甲州街道を大菩薩峠まで走ったり、いつも誰かが都合で欠けたから、そのオートバイを借用して参加したのだった。誰にも負けずに走る腕はあったし、「東大生」は浅草では珍しかったせいもあってか大事にしてくれた。

　東大では友達もできないまま、浅草でいい顔になっていたあたりも、九学以来の不良性かも知れないのだった。

学士入学、法学部へ

ところで、法学部への学士入学試験は正体不明のままだった。

　何回も事務局へ問い合わせたのだが、どうもはっきりしない。学内から特に成績優秀な者数名を無試験で採用することもある、などというのだが、成績劣等を誇る私には無縁で、他大学の連中と一緒に試験を受けざるを得ないようだった。その試験科目たるや、語学を一つ選択で、これは英語でもドイツ語でもなんとかなるだろうが、あとは「常識問題」が数題だという。これでは受験勉強のしようがない。例年、受験者は百名内外で、合格者は「若干名」というから、これはもう試験というより宝くじに近い。

　結局私は、受験者約百名に対して合格者三名の難関をなんとか突破することになる。自分勝手な読書で雑学を修めていたのが、こんな試験には有効だったのだろう。

　さて、法学部に入って、「今度こそまじめに講義を聞いて司法試験を受けて」のはずだったのだが、最初の期末試験を、盲腸手術でまるきり棒に振ってしまう不運に見舞われた。

みんなが四回の試験で取得すべき単位を三回で獲得しなければならず、これでは優秀な成績を残すのは難しくなる。もっとも、私には就職の意思はなかったから、成績へのこだわりはなかった。

だが、肝心の司法試験の面でも、失敗することになる。

四年生の春から七月の司法試験までの間、すなわち受験勉強追い込みの時期に、私は、妻となるべき女性の親戚の家で勉学にいそしむことにしたのである。当然のごとく、妻は私の食事の世話などを口実に一緒に住み着いた。熊本の田舎にあるその家は、元は大豪農で、朝鮮にまで広大な農地を所有していたのだが、敗戦と農地解放で無一物となり、大きな屋敷にじいさん、ばあさんだけが残って、細々と農業をやっていた。

広い庭に面した八畳一間で法律の勉強に打ち込む、というのはいいアイデアのようで、結局はアイデア倒れだった。私は、確かに本を読むこともやったけれど、面白半分にじいさんの農業を手伝ったり、薪割りを引き受けたり、古い空気銃を手に雀を撃って歩いたりもした。妻とのままごとのような暮らしもあった。

こんな態度で司法試験に通る、と思っていたのは、やはり私の脳天気、自信過剰だった。みごとに落第。しかし、妻との結婚は固く決心していた。親の仕送りで結婚生活をやるなど考えられない。私は既に他人様より二年も余分に親に負担をかけているのだ。司法試験で再起を期する気はあるものの、急遽就職を決心したのだった。

翌年の試験に合格すればすぐ辞めるつもりだったから、手当たり次第の感じで川崎航空機工業（株）を選び、昭和三十五年（一九六〇年）四月、神戸市で入社式に臨み、明石工場勤労部教育課に配属されたのだった。

九学から東大へ現役で入ったのは上出来だったが、その東大で、私は失敗ばかり繰り返したようである。ただ、自分で勉強する、自分の足で歩く、他人を当てにしない、という習慣を身に付けたのは、来るべきサラリーマン生活の中で、いつも新天地を開拓する役回りを演ずることになった際、大きな資産となるのだった。

龍ちゃんは、夜間部から昼間部へ移った関係で、一年遅れて、それでも私より一年先に卒業して郷里熊本へ帰っていた。ご両親が、事業失敗の後遺症の借金で苦しんでおられるのを身近で助けるためだった。

人生はわからない。

もしも最初の志望どおりに教養学科へ進むことができたら、私は恐らくジャーナリストの道を選んだだろう。司法試験に合格していたならば、弁護士になっていたのは間違いない。

その両方に失敗して、入学当初考えてもいなかったサラリーマンになった。

そして、日本だけでなく、アメリカ、ドイツに住んで仕事をやり、多くの国々を歴訪し、いろんな人々と一緒に仕事をすることになった。どの職業が私に向いていたのか、どの場で私は一番幸せになれたのか、それは神のみぞ知る、だ。ただ、二重の失敗で選んだこの道も、結構面白かったし、私なりに幸せだったことは事実である。その次第は、「第三話」以降で語ることにしよう。

第三話　シゲボンの修学旅行

松月《しょうげつ》事件

川航という会社

昭和三十五年（一九六〇年）四月、川崎航空機工業（株）（川航）に入社した。資本金一七億五二〇〇万円、従業員四千人、明石と岐阜に工場を持つ中規模メーカーである。

名前のとおり、戦争中は飛行機ばかり作っていた。

明石はエンジン工場、岐阜はそのエンジンを組み込んで完成機を組み上げる工場だった。

戦後、占領軍によって航空機製造が禁止され、手持ち資材のジュラルミンやアルミで鍋、釜を作ることから再出発し、昭和二十五年（一九五〇年）から二十八年の朝鮮戦争でナパーム爆弾をアメリカ軍へ提供することでやっと一息ついて、なんとか会社らしくなりかかっているところだった。

私が明石工場勤労部教育課へ配属されたことは前述した。当時、メーカーが採用する文科系学生は法学部と経済学部の卒業生に限られており、私のように学士号を二つ持つ者は珍しく、そのもう一つが教育学部だったことが、この配属の理由だったらしい。

この教育課は、私がサラリーマンとしてスタートするには最適の職場だった。それに恵まれたのが、私自身あれほど忌み嫌った教育学部のお陰、とは、人生まったくわからないものである。

この昭和三十五年は、東証ダウが初めて千円を突破し、池田勇人首相が所得倍増計画を打ち出して、日本経済が本格成長路線を走り始めた年でもあった。日本の各社では、いわゆる「企業内教育」がブームになりつつあった。それまでの手探り状態が一段落して一息ついたところで、「人作りに着手しよう」というわけである。

もっとも、これも、アメリカ一辺倒の世相を反映して、アメリカ企業の後追いの色彩が強かった。川航でも、神戸本社と明石、岐阜の両工場に、私たちの入社日と同じ四月一日付けで教育課がスタートしたばかりだった。スタートはしたものの、教育課自身、何をやっていいやら暗中模索のままだった。取りあえず、課長以上の全管理者にＭＴＰ（マネージメント・トレイニング・プログラム）を実施し、また、生産現場の長たる組長、班長に「職長訓練コース」を行なうことで旗揚げしたばかりだった。

私の最初の仕事はこれら訓練の事務局、有り体にいえば、研修の場所を作ったり、出席者の名札を準備したり、出席者に通知状を発送したりすることだった。

これらのマニュアルや配付資料を読んでみたが、アメリカ直輸入の臭いふんぷんたるものがある。受講者の声も、「実際の職場、当面している問題とは関係ない話ばかりだ」というのが大多数だった。

「課長、アメリカからの輸入品ではなく、川航の自前コースを作りましょうよ」と提案したが、彼は、「それは難しいぞ」と難色を示す。だが、学生時代、いつも自分の足で歩いてきた私は、「よし、おれがそれをやってやる！」と思い定めたのだった。

さて、有斐学舎で借金に追われ放しだった私は、ほぼ無一文で赴任していた。

四月末には最初の給料が貰える、と一途に当てにしていたのだが、四月に支払われるのはその前月、三月の仕事に対するもの、とのことで、新入社員にはなかった。私はまた煙草銭にも窮して、最初の給料日を待ち望んだのであった。戦後、資金繰りが苦しかった頃の遺産で、その頃給料は毎月二回払いとなっていた。十日に仮払いとして決まった金額が支給される。そして二十五日、時間外手当などを加算し税金などを控除された額が払われることになるのである。

悪名の始まり

五月十日、最初の給料は五千円だった。私はまず煙草を買い、新入社員仲間と明石の町へと繰り出した。五千円はたちまちなくなった。だが、まだ飲み足りない。

ブラブラ歩いていると、神戸本社に配属された仲間に出会った。彼は神戸から電車に乗っただけで、まだ満額五千円を手付かずのまま持っている。彼を誘って、行き当たりバッタリに、海辺に近い「松月《しょうげつ》」というバー風の店に入った。女性が同席していろいろサービスしてくれるのが嬉しかった。ここではビールとウイスキーをしこたま飲み、彼の五千円に私の残金を足して、辛うじて勘定を済ませたようである。

翌朝、誰かの声にぼんやり目覚めた。若い女性が、もうすっかり着替えを済ませて、なにやら言っている。

「私、もう帰るで」

「ああ、さいなら」

「お金、頂戴！」

「ポケットの中にある」

しばらくして、

「あんた、十円玉しかあらへんで」

「全部やる」

女性はすさまじい剣幕でひとしきりまくし立てていたが、やがていなくなった。私は、もうしばらく熟睡してその旅館を出た。もちろん遅刻だった。

数日後、隣の職場の勤労課長がみんなに大声で語っている。

「偉い奴がおるもんやな。『松月』の女連れ出して、金払わんと済ませたらしい。しかも新入社員らしいで」

「へー、新入社員が『松月』ですか」

私は知る由もなかったのだが、川航の城下町明石では飲み屋にも会社での位に応じたランク付けがあって、「松月」は部課長用、となっていたのだそうな。新入社員風情が出入りする場ではなかったのである。

さらに数日後、その勤労課長から呼び出しがかかった。

「あれ、お前やな」

「はあ」

「恐ろしい奴ちゃ。勤労部の手元に置いといてよかった。飲むのも、なにするのもええけど、ちゃんと金払わなあかんぞ。学生と違うて、サラリーマンはいつも会社の看板背負うとること忘れなや」

「とんでもない東大卒」として私の悪名は一躍社内に響き渡ったのだった。

手作りコース模索

自前の訓練コース作りを決心した私だが、新入社員の身として、管理者向けに手を出すのはさすがに憚られる。私は、生産現場の要として、上司と部下に挟まれ、労働組合ともやり合わねばならない職長の訓練に目を付けた。

職長は、川航の場合、班長、組長の二段階で、班長は五名から十名の部下を持ち、組長は五名前後の班長を束ねる。そしてその組長数名を率いる職場長がいる。職場長はホワイトカラーの係長に準ずるから間もなくＭＴＰ対象となり、私の射程外となる。

私は、教育課長などの意見を聞いて、部下育成に関して一家言持っていそうな職長たち数人を選び、彼らの話を聞くことから始めた。工場内の食堂で向かい合い、どんな問題で困っているか、を尋ねるのである。

四十代後半、大正生まれ。尋常小学校卒業後、川航などの訓練所に入ったり、町工場で働いたりの修業。やっと一人前の「職人」になった頃、戦場へ赴き、復員して戦後の社会で苦労して生きてこられた。彼らは口下手で、私という「大学卒」への遠慮もあるようで、なかなかしゃべらなかった。だが、辛抱強く聞いていると、実に含蓄に富んだ、深い話をしてくれるのだった。学生仲間にも新入社員たちにもない貴重な話だった。

彼らが一番困っているのは、部下の青年たちとのギャップであった。青年たちが何を考えているのか見当も付かない。昔話や経験談は反発を食うだけだ。途方に暮れており、指導のしようもない。また、彼ら職長は、職制として部下に命令すべき立場にありながら、反面その部下たちと同じく労働組合員で、この二面性も悩みの種だった。

「チューイインガム事件」が新聞で話題になっていた。関西の電機メーカーの組み立てラインで、ガムを噛みながら作業している若い部下に注意したところ、逆に噛みつかれ、労働組合までからむ騒ぎになったのである。職長クラスにすれば、「物を食いながら仕事する」など許し難い事態だが、若い部下たちにしてみれば、「一体何があかんねん？」というわけだ。

「課長、青年心理学コースをやりましょう！」

「そんなことができるのか？」

半信半疑のまま、彼は私がそのプロジェクトに取りかかるのを認めてくれた。日本の企業内教育関係者のアメリカ詣でが初めて盛んになった時代だった。と言っても、当時「海外出張」を認められるなど、我々新入社員風情には無縁の話で、部課長以上に限られていた。彼らは訪問先企業で必ず訓練マニュアルをねだるため、「マニュアル乞食」など呼ばれていたそうだ。

そんな時代風潮の中で、私は、自前のコースを作るべく、さらに広範囲の職長聞き取りを開始した。青年問題で困っている事例を集めるためである。系統立てて考える習慣のあまりない職長たちが、部下の青年を扱う上で実際に役立つ知識を身に付けてもらうには、ケース・スタディしかない、と私はみていた。教育学部で目の敵にしていた教育心理学や青年心理学の本も読み返した。門前の小僧の有り難さで、どの問題についてはどんな本を読めばいいかくらいはわかっていた。

一年以上を費やした、「現代青年心理コース――今時の若い者――」作成の最終段階では、教育学部時代の数少ない友人で、全学連や日教組ではなく、大学院で教育心理学を学び続けている旧友に頼んで、数名の青年心理学の専門家を集めてもらい、私の案を徹底的に叩いてもらうこともやった。

私自身講師を勤めたこのコースは、職長たちに大歓迎され、川航以外の川崎各社でも、それぞれ、作業形態や年齢構成などに配慮して若干の修正を加えながら、実施されることになったのだった。

もう一度いうけれど、人生はわからない。あれほど毛嫌いした教育学部のお陰で、興味ある職場へ配属され、初仕事をまとめることもできたのだから。

もともと私は、司法試験に合格したらすぐ辞めるつもりの入社だったし、したがって入社後もその勉強は続けるつもりだった。だが、意外なことに、入社してみると、その仕事、特に「現代青年心理コース」作成のために、現場のおじさんたちの話を聞いたり、改めて本を読んだりするほうが、かび臭い六法全書をめくるより、ずっと楽しくなったのだった。

七月、二度目の司法試験を京都大学で受け、その直後に結婚した。試験は勿論失敗だった。

私の父はこの結婚に反対であり、借金王の私は文字どおり一文無しだった。

私は、「こっちに何もない。だからそっちも体一つで来い」といい、妻は忠実にそれを守って、何も持たずにきた。結婚式も新婚旅行もできなかった。

私は、同期入社で神戸、明石地域に配属され、明石の寮にいる二十四名の新入社員たちの番長格だったから、「結婚祝い金は一人五百円」と取り決め、彼らは、すぐ総額一万二千円を募ってくれた。私たちは、この金で、電気釜、タンスなど最小限の家具を揃え、初任給一万四千五百円で新婚生活を開始したのだった。

無免許教師

昭和三十六年（一九六一年）、私が入社した翌年、川航はオートバイ業界への本格進出を宣言した。それまで、明石工場で作ったエンジンを東京のメイハツ工業（株）へ供給してメイハツ・オートバイとして販売していたのだが、明石工場内に工場を新設して一貫生産を始め、カワサキ・ブランドで出直すことにしたのである。業界の老舗、目黒製作所の買収もあわせて進めていた。社内はオートバイ熱に沸いた。子供の頃から自動車、オートバイが大好きだった私は大いに興奮した。

「現代青年心理コース」の立案を進めながら、「単車運転講習会をやろう！」と提案した。

１２５ccまでの運転ができる原付二種の免許を従業員に取得させ、自社製品に乗ってもらおう、というのだ。当時の川航は１２５ccまでしか商品を持たなかったから、これで沢山なのである。

明石警察署に頼んで、社内に運転試験コースを作ってもらった。この修了者は運転試験免除、筆記試験だけパスすれば免許取得、となる特典も確保した。私自身、社内や工場の至るところに受講者募集のポスターを貼って回った。社内がオートバイ熱に沸いていることもあって、ただちに三百名を越える希望者が殺到した。だから、発足後間もない教育課の知名度向上にもいささか役立ったのだった。

オートバイの構造と操作の説明に始まって、実地運転の指導まで、全部私一人でやった。

少年時代以来のクルマ（自動車、オートバイ）好きで、学生時代に浅草の若旦那たちと走り回っていたことが意外なところで役に立ったのである。

それはなかなか好評で、追加申し込み者も相次いだ。

ところが、いつでもどこでも、余計な詮索をしたがる人間はいるものだ。

「あいつ、偉そうに先生やっとるけど、免許持たんらしい」という噂が立ち、教育課長に確認を求められて、私は絶句した。

実のところ、大学の入学試験が終わって結果発表を待つ間に、つまり七年ほど以前、私は確かに自動二輪免許を取得し、他人様のオートバイで走ることもよくやっていた。

だが、更新を忘れていたから、確かに無免許状態だったのである。

課長はいささか顔色を変えて、「すぐ取ってこい！」と命じた。これが表沙汰になると、大勢の受講希望者を抱えたまま講習会は中止せざるをえないし、教育課の面目丸つぶれともなる。

運転講習の先生は運転のプロでなければならず、すると取得すべき免許はやはり自動二輪しかない。二輪車なら何でもオーケー、自動車も３６０ccの軽自動車なら運転できる誇り高い代物で、それだけに試験は難しい。私は背水の覚悟で臨み、なんとか一発で合格して、単車運転講習会を無事続行し、終了することもできたのだった。

同期入社の仲間たちは、寄ると触ると会社生活への不満のみ述べていた。上司と先輩たちが、服装、礼儀など、なにかとうるさい。細かなことまで指示されて、頭の使いようがない。同じ仕事の繰り返しばかりだ。——

日本中の新入社員に共通の不満だったろう。だが、私には無縁のことだった。松月事件のせいもあってか、私にはうるさく言ってもしょうがない、という雰囲気が出来上がっていた。また、もし言われてもいい加減に無視することにしていた。

白紙に絵を描いていくように、万事私が起案して進めるのだし、上司もこの分野では素人のようなものだから、指示などなく、自分の頭で判断するしかなかった。毎日毎日、新しい仕事を作り上げる喜びがあった。かくて、私は、張り切った日々を送り、司法試験のことは自然に忘れたのだった。

シゲボン登場！

養成工

「養成工」という制度があった。正式には職業訓練生。「職業訓練法」に基づいて、中学卒少年を三年間教育する。工業高校に準ずる学科を修得させると同時に、機械操作など生産現場で役立つ技能、実技を教える。

学科講師には大学卒の事務員、技術員が、実技指導には教育課の専門職と各職場の班長クラスが当たる。

昭和三十年代、まだ高校進学率が六〇％に満たなかった頃、、成績優秀だが高校へ進めない子供も多く、川航明石の養成工は周辺中学のトップクラスを集めていた。だが、学歴社会たる日本企業の中で、彼らは精々職場長、つまり係長止まりの宿命だった。かたや労働組合の組織率は一〇〇％近く、左翼運動も活発だった時代である。成績優秀で向上心に富む子ほど、卒業後労働組合の中で左傾していくのが、会社側の頭痛の種だった。

私は、教育課所属でもあり、入社当初から、英語や社会科の講師を勤め、また他の講師をスカウトする役でもあった。

さて、養成工担当係員の神成富雄は、剣道五段の猛者だが、心優しい快男児だった。

私は、次第に、神成五段を助けて、問題児補導に当たるようになった。

彼と示し合わせ、さぼっている生徒を求めて、明石の映画館やパチンコ店に張り込み、見つけたら追跡して、捕まえ、ぶん殴り、会社へ連れ帰るのである。彼らを追っかけて追いつくことのできる脚力を持つ私だった。自宅に上がり込んで待ち受け、帰宅した生徒をその母親の目前でとっちめることもあった。警官でもなく、逮捕状など持っていようはずもない私たちがこんなことをやるのは、現在では大問題だろう。だが、中学、高校でさんざん殴られた私は、それを他に及ぼすのを当然、と考えていたし、彼ら悪童連も、私に追われれば逃げるのみだし、殴られれば大人しくしていた。

「現代青年心理コース」の立案を進めながら、肝心のその現代青年諸君とは、かようにきわめて荒っぽいつき合いをしていたわけである。

野獣は、自分と同じ種別の動物を嗅ぎ分けて、身をすり寄せる習性を持つ、という。こんな風に、彼らにとってもっとも憎むべきはずの私だった。

私は、もう二十代半ばに達して彼らより十歳も年上で、家には妻と娘がいる身だった。それなのに、私のどこかに九学時代の不良の臭いがまだ残っていたのだろうか？　彼ら、つまり私に追われ殴られる悪童連は、どうしたわけか私に親しみを感じるようで、向こうから近づいてくることもあり、ますますもって私は問題児補導に熱を入れざるをえないのだった。

養成工は規律もうるさかった。頭は丸坊主、制帽に黒の学生服上下、白の運動靴。

これ以外は一切認められなかった。思春期で自己顕示したい彼らはなんとかこの制約からはみ出そうと試み、教育課はそれを厳しく取り締まる立場だった。だが、もともと服装に無頓着な私は、そんなことでうるさく言うことはあまりなく、これも悪童共の人気を得た一因だったのかも知れない。

悪童ナンバー・ワン

昭和三十七年（一九六二年）四月、入社三年目である。前年、高卒の部下一名を持たされた私は、同年入社の大学卒、高校卒各一名の部下に恵まれた。計三名の部下である。これから見ても、教育課は、川航として力を入れている分野だったのだろう。

デフレ続きの昨今、何年経っても後輩が入らない、というサラリーマンがますます増えている。その点、所得倍増の成長期にあって私は恵まれていた。また、かように早くから部下を持ち、彼らについて配慮する癖がついたことで、私のわがままさが修正され、いつも部下を意識し、その育成を心がける習いともなったのである。

この年入社した五十余名の養成工の中で、彼は最初から目立っていた。一八〇センチ近い長身、一目でそれと知れる悪童面、じっとにらんでくる目には十六歳とは思われないすごみがある。

神成五段は最初から、「とんでもないのが入ってきましたな。これはタネサン、お願いしますよ」と私に下駄を預けていた。

広い工場内には人目につかない空き地も多く、彼は、そのあちこちで喧嘩を繰り返しているようだった。間もなく、神成五段は、「あいつ、一年生のめぼしいのはみんなやっつけて、二年、三年も全部征服したようです。こんなに喧嘩に強い子は初めてですな」と報告した。彼の右手の指は黄色く染まっている。喫煙常習者のものだ。だが、喫煙の現場を押さえることはできず、身体検査しても煙草が出てくることはない。なかなかの知能犯でもあるようだった。

私は、そんな彼に、中学時代、大学時代の親友で喧嘩の名人だった龍ちゃんの面影をダブらせて楽しんでいるところもあった。もっとも、龍ちゃんは、彼のような長身ではなく、私と同じ一六四センチで、その代わり鉄のような筋肉に固められていたのだが。

私のそんな気持ちを読んだかのように、彼は私に対して好意的だった。ある日、「今日、先生の家に遊びに行ってもええか？」ときた。それまでに、勉強のよくできる子が、英語など習いに来訪したことはあるが、追われる立場の悪童が自宅まで来たことはない。

「よし、待ってる」と答えた。社宅とはいうものの、戦争中に建てられたお粗末な木造の長屋である。

我が家の周囲にはホワイトカラーはおらず、みんな現場の作業員ばかりだった。

私は、入社試験の際、「第五話」で登場する塚本碩春《ひろはる》人事課長に、無謀にも社宅提供を入社の条件として求めた。そのお陰で、貧しい日本にあって長年勤続している人々が数多く待たされているのを尻目に、新入社員のくせに彼らを飛び越して社宅に入ることになったのだった。だから、担当部門は、私を作業員地域に放り込むことで意地悪していたのかもしれない。

その夜、彼はヒコと二人でやってきた。ヒコは彼とは対照的なちびだが、彼と気が合うようで、いつも一緒だった。二人は、酒を一升ぶら下げていた。

「タネヤン、ま、一杯いこ」と言う。会社では、我々を「先生」と呼ぶよう、やかましく言っており、また私の同僚は私に「タネサン」と呼び掛けるようになっていたが、関西風の「タネヤン」とは恐れ入った。三人でガブガブ飲み、煙草をふかし合った。

彼は妻を「おばん」と呼び、妻が、「飲み屋のおかみさんみたいで嫌！」と抗議したけど、委細かまわずそれで押し通した。

大声で喧嘩の自慢話になった。ここは社宅街の中で、戦争中の安普請だから彼の大声は四方八方筒抜けのはずだ。教育課に属する私が、一年生の未成年者と飲酒、喫煙をやっていることが表沙汰になれば、ただでは済むまい。妻は若干気にしたようだが、私はこんなことには生来鈍感なほうである。話は大いに弾んだ。

彼は、自分のことを「シゲボン」と称した。関西弁で「しげ坊や」といった意味だ。どうみても「ぼん」とは見受けられない彼がそう自称するのが面白かった。

修学旅行の芽生え

シゲボンとヒコの家庭訪問はほぼ毎月一回の割で続行した。もう秋口に入ったある晩のこと、シゲボンが、「修学旅行、行きたいなぁ」としみじみした感じで言う。

「高校の連中はみんな行くねん。別府に船で上がって、阿蘇、霧島とあちこち回るねん。楽しいんやて。わいかて行きたいわい」

ヒコが、分別くさく、「養成工に修学旅行なんて無理や。会社が許すはずあらへん」となだめに回る。

私は、ふと、「シゲボン、修学旅行に行きたいのはお前だけか、それとも他にもおるのか」と尋ねた。

「タネヤン、あんたはええおっさんやけど、その辺がやはり東大出やな。わいはなあ、勉強嫌いやから最初から養成工になるつもりやった。そやけどな、勉強好きで、ようでけて、それでも金ないばかりに川航に入った奴かてぎょうさんおる。わいかて行きたいんや。高校に行きとうて行けなんだ奴らはもっと修学旅行に行きたいわい」

「そらあ、わいかて行きたい」とヒコも口を添える。

私は、それまで見たことのなかった彼らの心の奥底をのぞいた気がした。

翌日、私は課長と神成五段にこの話をした。

課長は、「いいと思うが、勤労部長が反対するだろう。あの人は川崎各社でやってないことは一切やらん方針だから」

神成五段は、「彼らには、行けなかった高校への憧れ、その反面でしょうか、高校生への反感、が強烈です。修学旅行は、そんな彼らの気持ちをやわらげるいい機会になります。

ただ、一週間も旅行すれば、必ず地元高校生などとの喧嘩騒ぎが起こるでしょうなぁ」とシゲボンの名前を上げた。

終業後、私はシゲボンとヒコを人気のない教室に呼んだ。

「修学旅行は、やる以上、お前たちだけで終わるんじゃなく、川航養成工の伝統行事として後輩たちに残さねばならん。だから、第一回は絶対に間違いがあってはならん」

ヒコが、「先生、そんなら行けるんか」と声を弾ませる。

「まだわからん。ところでシゲボン、お前、旅先で一週間、喧嘩せずにいられるか？」

「そんなもん、行けるんやったら、一週間が一カ月でも大丈夫や」

「他の連中は？」

「わいがささへん。喧嘩しそうな奴おったら、どつき回したる」

「酒飲んで騒いだり、煙草吸ったり、もないやろうな」

「酒は飲まん。煙草はわからんように吸う」

「間違いないな。それが絶対条件やぞ」

その日、一人遅くまで残って、私は、「養成工に修学旅行を導入する件」の企画書をまとめた。高校生への劣等感をやわらげるのは、彼らが左傾して民青や共産党へ走るのを防ぐ上で大きな効果があることを強調し、費用は彼らが負担するのだから、会社としては引率者の出張旅費だけのコストに止まることを述べ、旅程案などもっともらしく付けていた。

翌日、課長は、「民青対策に効果あり、か。これで勤労課長、勤労部長ともうんと言うかも知れない」とニヤニヤ笑いながら判をついた。

次は勤労課長である。旅費は各人の給料から毎月天引きして積み立てるしかなく、給与天引きは労働組合との協議事項だから、その窓口たる勤労課の同意が是非とも必要だったのである。

彼は、松月事件以来、私の顔を見ると、「おい、薩摩守忠度《さつまのかみただのり》、その後どうや？」などひやかすのだが、私の野放図さに好意を寄せている面もあるようだった。

彼は、「うん、共産党対策にはこんなことも必要やな。ええこっちゃ」と簡単に承諾してくれた。

最後の勤労部長は、やはり難関だった。勤労課長と違って酒も飲まず、万事几帳面で慎重な彼は、松月事件以来、私を極度に警戒している風だった。

私の起案文書を通読した後、「まず川崎各社に相談してみたらどうや？」ときた。

「来月の連絡会議で発表します。各社とも右に習え、となります」

各社共、教育部門は手探り状態で、そんなこともあって毎月連絡会議を開いていた。

「その後でもええと思うが。ま、金はいらんことやし、左傾化防止に効果あるんなら」

と、これも案外容易に判をついてくれたのだった。

同期入社の連中に聞いたところでは、こんな場合、彼らが起案はやっても、それは直接上司の係長に渡し、係長が課長へ、課長が部長へ説明して決済を得る習いのようだった。

だが、私は、どだい係長を持たない身だったたし、他部門の課長や部長へまで、かように自分で掛け合っていたのだった。私自身の働きもあったかも知れないが、それを許す課長の寛大さがあってればこそ、だったのだ。

手作り旅行提案

シゲポンたちへの次の社会科の授業時間に私は修学旅行問題を持ち出した。二人に、我々の間の話は伏せておくよう念を押しての上だった。蜂の巣をつついたような騒ぎになった。

「そんなもん、行きたいにきまっとる」

「でけへんくせ、なんでそんなこと持ち出したんや？」

議論が一回りしたところで、私は言った。

「みんなが本当に行きたいんなら、みんながそれぞれ責任を持って規律を守るんなら、行ける！」

大騒ぎになった。ほしいけど手に入るはずもない、と思っていた宝物が、不意に目の前に現れた感じだった。

私は言った。「みんなの旅行だ。だから先ず、費用は各自負担すること」

「当たり前やないか」

「一度に払うのは大変だろうから、二年生になったら毎月の給料から天引きして積み立てる」

「わかった」

「みんなの旅行なのだから、どこに行って何をするかもみんなで決めること」

一瞬シーンとなった。会社に入って一年近く、命令され、禁止されることが多かったからだろう。

「旅行中の行動にも自分たちで責任を持つこと」さらに沈黙が続いた。

「わかったか。来週のこの時間、この修学旅行をどうやるのか、議論する。それぞれ考えておくこと」

その晩、シゲボンとヒコが社宅にやってきた。

「タネヤン、感謝するでぇ」

「お前らが言い出したことだ。最後まで責任持て」

「わかった」

「今日は酒なしか」

ヒコがしたり顔で言った。

「ここは社宅やろ。わいらとタネサンが酒飲んで、もしも問題になったら、旅行つぶれるかも知らへん。ここは慎重にやらんと。飲むんなら、どっか別の所にしよ」

今まで散々ここで飲んでるくせに、とおかしかった。

彼らはまだ一年生で、その上に二年、三年とある。

三年は、恒例の岐阜工場見学旅行を間近に控えていた。今から積み立てを始めるひまもない。私は、授業の中で、いきさつを説明し、彼らは了承するしかなかった。

問題は二年生だった。

「お前らも行くんなら、今すぐ積み立てを開始する」と言うと、袋叩きにあった。

彼らは、一年生の動きを察知して、彼らなりの対応を考慮済みだったのだ。

「子供やあるまいし、修学旅行なんぞ行けるかい」

「積み立てする位なら、自分で好きな所に行くわ」

行きたい気持ちは満々とあるのだが、どうも、下級生に先を越されたことへの反発が強いようだった。それに、このドラマの主役と見られるシゲボンが、一年生のくせに自分たちを片っ端から殴り倒していることへの反感もあったのだろう。

このクラスは、「第五話」でグランプリ・サーキットを疾走することになる清原明彦が番長格で牛耳っており、彼あたりが修学旅行拒否の世論をまとめ上げていたようだった。

「そうか。そんならお前ら、行かんな」

「行かへん。会社で行くんは岐阜工場だけで沢山や」

かくて、シゲボンたち一年生から、修学旅行の歴史は始まることになったのである。

ヒコ、奮闘す

委員会始動

次の時間、私の担当は社会科なのだが、どだい授業にならない。みんな口々に修学旅行のことばかり発言するのである。まずもって、いつ、どこへ行くか、を決めよう、ということになった。

こうなると、シゲボンは、「別府に上がってやなぁ、阿蘇と霧島に行くねん」とわめくだけで役に立たない。ヒコが、委員会を作って検討することを提案し、彼自身その一人になる、と表明した。他には志願者がいないので、ヒコが数名を指名した。いささかためらいながら、シゲボンも手を挙げた。それでやっと授業に入ることができたのだった。

ヒコ委員会は、交通公社（ＪＴＢ）へ行ったり、旅行の本を集めたり、高校生の友人にその学校のコースを聞いたり、と活動を開始した。

毎週、私の時間の冒頭に、ヒコが進行状況を報告した。第一に、彼らが三年生になる昭和三十九年（一九六四年）十一月初旬実施、六泊七日とした。第一夜は神戸から別府への船中で、以下、阿蘇、宮崎、霧島、鹿児島と泊まりを重ね、最後の夜は鹿児島から明石への車中泊となる。別府から鹿児島まではバスである。段々と旅行が近づいてくるのが実感されて、みんなの気分は盛り上がっていった。

年が明けると、私はヒコに、船、汽車、ホテルの手配をするよう命じた。やがて彼から電話が入った。

「交通公社の人が先生と話したいんやて」

要するに、生徒ばかり数名、それもシゲボンやヒコのようにかなり剣呑な感じの連中ばかりだけで巨額に上る予約を行なうのが信用できないのである。私が保証することで、川航の名前で、一年半も先の予約がなんとか成立したのだった。相手は私の肩書きを尋ね、課長でも係長でもない、と聞いて、まだ半信半疑のようだったのだが。

一方で私は「第二話」の龍ちゃんとの話を進めていた。彼は、熊本のバス会社に勤めており、別府から阿蘇へ抜けるこのコースは、その会社のドル箱路線だったからである。

彼は、「まかしとけ。バスもガイドも一番いいのを出してやる」と、相変わらず頼もしいことだった。

シゲボンは、町の愚連隊数名と殴り合って明石警察署の留置場に放り込まれ、私が貰い下げに出向いた以外、大した問題を起こすこともなく、二年から三年へ進級していた。

修学旅行への執念がある程度歯止めの役を果たしていたのかも知れない。


シゲボン風紀委員！


ヒコは、暑い盛りの八月に入って、組織案を提示した。旅行委員長一名、これは全体の統括責任をとる。バス二台に分乗するから、五十余名を二班に編制し、班長各一名を置く。

旅行委員長には、成績優秀で皆の信任厚い子が選ばれた。二班編制と班長も決まった。

シゲボンやヒコが選ばれなかったのは、みんなの良識だろう。そこでシゲボンが発言した。

「風紀委員がいるで」

「風紀委員？　一体何をやるんや？」

「みんなが、喧嘩したり、酒飲んだりせんよう、注意する役や。服装をちゃんとするんも気い付けんならん」

ヒコが、「そらぁお前が適任やで」と言い、みんな爆笑した。シゲボンは一応辞退し、やがて頭をかきかき承諾した。江戸時代、ばくち打ちの親分に十手取り縄を預けたようなもので、これは名案だろう。

そこから、旅行中の服装などの議論になった。とんでもない要求が出たら困るな、と心配したが、旅行へ行きたい一念で、妥当な線に落ち着いた。頭丸刈り、制帽に黒の学生服上下厳守。これは普段と変わらない。ただ、「革靴をはきたい」という希望が強く、神成五段も引っ張り出して協議の結果、「旅行中に限って革靴オーケー」となり、大拍手が沸いた。

シゲボン風紀委員が、「喧嘩は一切あかんぞ」とにらみ回す。誰か、「お前さえやらんかったら、誰もやらんわい」とまぜかえし、また爆笑になった。

シゲボンは本気で、「酒飲むのもあかん」と続け、一同うなずいた。「煙草は?」の声が出て、「わからんように吸うのはええやろ」と誰やら答え、十五歳以来ニコチン中毒の私としてはそれを黙認する形となったのだった。

その旅行

タネヤンのダチコ

昭和三十九年(一九六四年)十一月三日朝、別府港には龍ちゃんが迎えにきていた。シゲボンを引き合わせて、「こいつが番長で風紀委員だ」と紹介すると、龍ちゃんはただちにその正体を見抜き、「強そうだな」と肩を叩いた。大いにシゲボンを満足させる応対ぶりで、彼は得意満面だった。

課長は、大事をとって、彼自身の他、神成五段に実習指導の年輩者二名、私も入れれば総勢五名の引率体制で臨んでいた。

それにしても六十名足らずの我々のために、龍ちゃんは職権を乱用して、真新しい七十二人乗りのバス二台を持参していた。二班に分かれた悪童連中は、それぞれ二人分の座席にふんぞり返って、別府の地獄巡りへと向かったのだった。

各バスに一名のガイドは、若くて綺麗で、極めて優秀で、ここにも龍ちゃんの気配りがうかがえた。若い女性に対しては、えげつないひやかしなどやりかねない連中ばかりなのだが、なにしろ肝心のシゲボンが神妙な顔をしてにらみを利かせているのだから、大人しくガイドの説明に聞き入っていた。

阿蘇へ抜けて第一夜は内牧の旅館、私は龍ちゃんと同じ部屋に泊まり、ほぼ四年ぶりでその話を聞いた。

バス会社でも、彼は先ず腕力を買われたのだった。

左翼分子が強くて労働組合を牛耳っている営業所をたらい回しされて、組合つぶしで活躍したのである。集会やデモ行進に乗り込み、指導者数名をいきなり張り倒す。これで集会、デモ行進は崩壊する。その後、張り倒した連中を呼んで、左翼理論は間違いであることを説く。

「池の上の下宿で、あんたに聞いた話が役に立ったぞ」

それはそうだろう。私は、読んでいるマルクスやエンゲルスを紹介し、それがいかに誤りであるか、を毎回詳細に説明していたのだから。そして彼には、それを理解する頭があったのだから。

かような張り倒しと理論闘争を二、三回重ねると、彼らは納得し、左翼偏向をやめ、彼は次の職場へと向かうのだった。

「訴えられて留置場に入れられたことも何回かあった。だが、いつも一晩で釈放だった。バス会社の営業所幹部と土地の警察はどこでもツーカーの仲だからな」

組合つぶしが一段落すると、彼はワンマン社長直属のスタッフになった。

大学は出ているし、もともと頭は切れる。ここでも大いに認められ、現在、阿蘇営業所長に抜擢されて、運転手、車掌など数十名の部下を率いていたのだった。サラリーマンとしては、部下三名しか持たない教育課係員の私よりも遥かに高い地位である。

後で知ったのだが、この晩、シゲボンは各部屋を回っている。

「あのごっついバスを二台も手配してくれたんは、タネヤンのダチコや。

ここの所長さんや。そやから、ここで騒ぎを起こすと、タネヤンの顔つぶすことになる。みな、早う寝てしまえ！」

かくて、まことに平穏な九州第一夜だった。龍ちゃんは、翌朝、職場へ帰っていった。

宮崎の宿

第二日目、雄大な阿蘇を堪能し、高千穂町へ抜けてあの美しい渓谷を眺めながらガイド嬢の天孫降臨神話を聞き、海岸線に出てサボテン公園を眺めて、ヒコ苦心のコース設定に一同大満足だった。

宮崎の宿は大淀川のほとりである。

夕食後、課長と私は宿を抜け出して、その辺の居酒屋で一杯引っかけた。養成工たちと会食の席上、我々だけ飲む訳には参らぬからである。微醺《びくん》の頬を川風になぶらせながら橋を渡っていると、向こうから大きな男が下駄の音を響かせながらやってきた。

シゲボンである。無帽、下駄履き、ボタンを外した学生服から赤いセーターをのぞかせ、どう見ても風紀委員のいでたちではない。全身から殺気をみなぎらせた感じである。我々に気付いて、避けようとしたようだが、橋の上とて横道もない。

「課長、先に帰って下さい」

私は彼に近づいた。

「シゲボン、どこに行くんや？」

「タネヤン、今日だけは見逃したってくれ」

「喧嘩やろ」

「違う。謝ってくれるよう、頼みに行くんや。喧嘩はせえへん」

「ともかく一度一緒に帰ろ」

「嫌や。止めるんなら、タネヤンかて、きかへんど」

彼は拳を握り、私はジッとその目を見た。やがて、その目が下を向いた。私は黙って歩き出し、下駄の音が後ろから続いた。

旅館の一間に、大勢集まっていた。真ん中にラッパが寝ている。血まみれの鼻を白い布が巻き、顔中ボコボコの感じである。

ヒコが説明に当たった。ラッパは、修学旅行で来ている神戸のさる工業高校の生徒たちに殴られたのだ。通りかかったヒコたちが、大声上げて飛び込むと、相手は逃げた。

抜からぬヒコはその学校名と宿舎を突き止めてもいた。ラッパを担いで帰り、仕返しに押し掛けるか、の相談の最中、シゲボンが顔を出した。

ラッパの有様に激怒しながら、「みんな手ぇ出すな。わいに任しとけ」と言う。

「どないするんや」

「相手の宿に行って、殴った奴らに、ここへ来てラッパに謝るよう頼むんや」

「謝るはずないやろ」

「誠心誠意、頼むんや。殴られても蹴られても、わいは手ぇ出さへん。それが風紀委員やないか」

みんなに、絶対ここから動かないよう念を押して、彼は出陣したのだった。

「手え出さへん」とはいうものの、靴ではなく下駄履きなのは、いざというとき、武器になるからだろう。一人敵地へ向かうのは、大好きな任侠映画の鶴田浩二あたりを気取っていた面もあったのかもしれない。ヒコたちは、彼を助けに行ったものかどうか、論議している最中だったのである。

委員長、班長二名に風紀委員のシゲボン、それにヒコも加わっての会議になった。どうするか、である。

シゲボンは、「わいは悔《くや》しい。風紀委員なんどアホなもんになるんやなかった」と叫び、涙をこぼして寝転び、その後一言も発言しなかった。

神成五段がそっと入ってきて、部屋の片隅に座った。

散々議論した挙げ句、「後々のためにも、放っておいては駄目だ。警察に届けよう」ということになり、委員長に班長二名が付き添って、きまり通りの制服、制帽で出ていった。剣道の関係で警察とは親しい間柄の神成五段が、「ぼくも行きましょうか？」と申し出たが、私は止めた。みんなの旅行じゃないか。あくまでみんなで処理すべきであり、引率者は、特に必要ない限り顔を出すべきでない。

課長の部屋に実技指導の老人二人も集まっていた。

経過を報告すると、課長は、「それはよかった」と一言。老人の一人は、「あのシゲは、ほんまに悪い奴で、くびにしたろか、思うたことが何回もありましたが、ほんまは、ええ子なんですなぁ」と言って涙を流したのだった。

届け出を受け付けた警察が、なにか具体的な動きをしたかどうか、わからない。

後で判明したところでは、その神戸の工業高校の生徒の一人が、他の関西弁の高校生たちに殴られ、哀れラッパはその高校の生徒と誤解されての仕返し騒ぎだったのだ。

シゲボンの使命感

翌日は霧島山中に泊まり、最後の宿は鹿児島である。その十一月六日夜、私はシゲボンとヒコを天文館裏の飲み屋へ招待した。二人の労をねぎらうためである。

だが、シゲボンは、「明石駅で解散するまでの勝負や。まだまだわいが赤い顔して帰るわけには行かへん」と、この大酒飲みが、ちょっと口を湿らせただけだった。鹿児島名物芋焼酎の臭いに辟易したこともあったのかもしれない。

前述したとおり、この旅行では特別に革靴着用が認められ、だから全員、ま新しい黒の革靴をはいていた。靴擦れのために、ビッコを引く者が続出した。彼らは、まじめに規則を守って、かねて運動靴しかはいていなかったからである。

反面、シゲボンなど会社外ではいつも革靴をはいていた不良連中は平気の平左で歩き回っていた。かねての行ないの程が旅先で判明した次第である。

十一月七日、西鹿児島駅から乗車し、二人のガイドも同行した。彼女らは、熊本駅で降りると、走り出した列車と並んでホームを走りながら、手を振り、涙を流し、「さよなら、さよなら」を繰り返し、みんなも手を振ってこれに答えた。

彼女らは、龍ちゃんへの報告で、「随分いろんなお客さんのお供したけど、こんなに礼儀正しくて楽しい方々は初めてでした」と語ったそうである。実は、彼らの中には、シゲボン以下、神戸、明石でかなり聞こえた不良共が沢山いたのだが。

我々だけで西鹿児島始発列車の客車一台を占領した形になった。課長以下、固い座席に座って一夜を過ごすのである。

網棚は、みんなの土産物で溢れていた。実習現場の上司や先輩から餞別を貰っているだけに、それらへのみやげも多く、その分、普通の高校生よりも余分になる。

シゲボンは、入り口に近い座席に頑張っていた。停車して、他のお客が入ってくると、「済んまへん。満員ですねん。ほかへ行ってもらえまへんやろか？」と一々丁寧に断っていた。

見上げるばかりの長身、悪党面、それが制服制帽に威儀を正して丁寧にしゃべるのがかえって薄気味悪いのだろう。それを押し切って入ってくる旅客は皆無で、実質貸し切りとなったのだった。

夜中に何回か目を覚ましたのだが、シゲボンはいつもシャンと座って起きている。

「おい、少し眠れよ」と言うと、

「寝るんは家でゆっくりやったらええ。みんなぎょうさんみやげ買うとるやろう。取られたりせえへんよう、見張っとるんや。他の客断ったんも、万が一、ややこしいんが紛れ込んだら敵わんからや。風紀委員、最後の仕事や」と張り切っていた。

これは本当にすばらしい旅行だった。

私自身にとっても貴重な体験だった。きちんと任せれば若い人たちはちゃんとやる、ことをしっかりと学んだからである。これが私の生涯を貫くであろう性善説のバックボーンともなったからである。

単車への道

研修コース

ヒコたちが修学旅行の段取りに掛かりきっていたこの一年間、私自身は、もう一つの野心的な手作りコースの立案に励んでいた。

「カワサキ単車販売要員研修コース」である。単車進出の一貫として、川航はその販売部門を、「川崎自動車販売株式会社（自販）」として分離していた。その全国各地の販売要員数十名を訓練しよう、というのだ。

オートバイは好きだが、その販売などにはまだ全然不案内の私である。新入社員に毛の生えたような男、販売など全然知らないし未経験の男にこんなことを任せきってくれたのだから、川航という会社にはいいところがあった、というべきだろう。それはまた、本格的な経済発展の時期に入っていた日本の活気の現れでもあったのだろう。

私は、先ず六カ月間、教育課から完全に離れて、日本中のディーラーを歴訪した。ディーラーとセールスマンの実体を掴み、そのあるべき姿、を考えるためである。そして、自販本社の営業経験者たちの意見も聞きながら、徐々にコースをまとめていった。これは、いろんな集団の人々を吸収して新しくスタートしたカワサキ単車の第一線のセールスマン諸君を一堂に集めて、事業に関する考え方と仕事の進め方を統一しよう、という意欲的な企てだった。そして、この企画段階で、私は初めてオートバイ販売について学び、それが、「第四話」のアメリカ、「第五話」のドイツなどでの仕事の基礎ともなっていくのだった。このコースは、ほかの誰にもまして、私の肥やしになったのである。

「研修コース」は、神戸市の訓練施設を借りて、一週間にわたって行なわれた。これだけの人数を合宿訓練できる自社の施設がまだなかったからである。

かくて全国の販売要員諸君と親しく交わってみて、私は意外の感に打たれた。彼らにオートバイ屋らしい明るさが全然ないのだ。目黒、メイハツ、それに各地のディーラーなど、買収された会社群出身の彼らが第一線を形成していたのだが、支店長、本社部課長など社内の要職はすべて川航からの出向者たちに占められていて、彼ら第一線の発言権は小さく、彼らには不満のみ内攻していた。当時のアメリカの白人、黒人問題にも似ていた。

一夜、私は麻雀に誘われた。「先生、先生」と口では私を立てながら、黒人三人一丸となって私一人から巻き上げる魂胆で掛かっているのが間もなく明らかになった。目くばせしたり、足を蹴飛ばしたりして、サインをやり取りしてもいるようだった。かくて、もともと大した腕でもない私は、やっと有斐学舎時代の借金を片づけたばかりなのに、またぞろ借金を抱える身となったのだった。

最終日、訓練施設の二階で打ち上げ会が開かれた。

「先生、先生！」とみんなに盃をさされて、私は大いに出来上がった。

旧制高校で「寮雨」と称した行為を、私は有妻学舎でよくやっていた。川航の独身寮でもしょっちゅうだった。一階建ての長屋たる社宅住まいでは不可能なまま、しばらく忘れていた悪癖を、私は、この夜、発揮して、二階の窓から小便の雨を降らせたのである。

施設の管理人が激怒して、川航のみならず、川崎グループ全社が、この後長い間この施設を使用できないこととなった。

こんな次第で、仕事の面ではそこそこに高い評価を受けながら、私はまたぞろ余計な悪名を轟かせ、それは、この施設の使用を断られたことから、川崎各社にも響きわたることになったのだった。

移籍を断る

私は、当初、自販への移籍を強く希望していた。教育課で約四年間、仕事には興味あったけれど、そろそろ飽きもきていたし、どだいオートバイ大好き人間なのである。

また、自販側にも、私を引き抜きたい意欲満々で、私にこんな仕事を頼んだのも、その第一歩、という駆け引きもあったようだった。

他方、教育課側では、私を出したくなかった。私は一応役に立っていたし、また、その頃スタートしたばかりの単車部門は、勤労部などの本流に比べてうさんくさい感じだったからであろう。

そんな中で、一年間その中に入ってみて、私の心は揺れ動いた。第一に、白人黒人問題である。若い私は、かような差別に反発した。たとえ私自身は、白人として有利な地位に立つことができるにしても、そんなことに参画したくないし、そんなことで有利な立場に立つことは嫌だった。第二に、自販経営陣への不信感である。川航の部長、課長クラスから天下った彼らは、オートバイの乗り方も知らず、知る気もないまま、白人の座に安住していた。こんな連中の下で、オートバイ事業がまともに展開できる、とは考えられなかった。

第三には、ディーラーの社長たちが、異口同音に、「オートバイなんか駄目です。私は自動車商売にも軽自動車にも乗り遅れた。私自身はオートバイ屋でもしようがない、と諦めてるけど、息子には絶対に後を継がせません」と述懐していたことである。直接お客に売る責任者がこれでは、カワサキオートバイの未来はないのでは、と思わざるをえないのだった。

後年、私のアメリカ、欧州での活動は、「走るマーケティング」と呼ばれる。事務所の中で考えるのではなく、ディーラーへ足を運び、彼らの言うことを聞きながら一緒に考えたからである。その萌芽を、もうここで見ることができるのは興味深い。

また、同じく後年、アメリカ、ドイツ、日本などで私が展開する経営戦略は、まさにこれら自販への疑問をひっくり返すことに始まる。

すなわち、人種に関係なく実力次第で登用すること、トップ自身が誰よりも商品と市場を理解すること、ディーラーが儲かって生き甲斐を抱くように配慮すること、である。

この意味では、寮雨に終わったこの体験も、決して無駄ではなかったのだろう。

私は、自販転籍をはっきり断って、シゲボンの修学旅行へ赴いたのだった。

シゲボンの死

明けて昭和四十年（一九六五年）春、シゲボンもヒコも目出度く養成工を卒業した。シゲボンのように悪評高い生徒をほしがる職場はないから、その配属には一苦労、と覚悟していたのだが、案外簡単に単車工場の溶接職場に決まった。溶接は、火を扱って危険だし、暑くて環境もよくないし、およそ志望者が少ないのだが、彼自身が敢えてここを希望したからである。

そしてその年の七月、私は東京へ転勤した。輸出部単車課への移動だ。

輸出実務をしばらく経験した後、アメリカ市場開拓へ出向く含みだった。自販には失望した私だが、まったく新天地のアメリカで白紙に絵を描いていく分には、川航も自販も目黒もなかろうし、自由に腕が振るえそうな点に賭けたのである。

翌年一月、アメリカ赴任を前に、明石工場へ挨拶に帰った私を誰にもまして待っていたのはシゲボンとヒコだった。超多忙な中、明石最後の夜を駅前の飲み屋で共にした。

シゲボンは、「タネヤンがおらんのなら、明石におってもしゃあない。わいはアメリカに行くで」と頑張る。

私自身西も東もわからぬところに、こんなのに転がり込まれては堪らない。

「落ち着いたら知らせるから、それまで待て」と懸命になだめた。

妻子を早々と妻の実家へ帰していた私は、その晩、当時京都にいた妹夫婦宅へ一泊することになっていたのだが、二人とも離れ難いまま京都までくっ付いてきて、六畳一間のアパートに、五人で泊まったのだった。この次第は後にもう一度触れることがある。

そして四年後、アメリカ勤務から昭和四十四年（一九六九年）暮れに帰国した私は、シゲボンが会社を辞めてとび職をしていることを聞いた。やがて電話してきた彼は、「えらい景気や。毎日五万円稼いで十万円使うとる」とうそぶていた。大阪万博の仕事で大変な稼ぎなのだそうな。だが、数カ月後の電話は口調からして変わっていた。

「人一人、殺してもうてん」

「どうした？」

「ドヤの中でちょっと揉めてな。ポンとどやしたら死んでもた」

「いつの話だ？」

「昨日や。今日、明石の家に戻ろうとしたんやけど、あかんわ。もうポリが張り込んどる。タネヤンの顔見たいねんけど、迷惑かけるさかい行かへん」

私は、ともかく自首することを勧めた。

とび職同士の喧嘩で、殺意もなかったせいか、彼は間もなく出てくることができた。昭和四十五年、大阪万博はもう開幕していて、そのほうの仕事もない。彼は、自分で建設機械を持って、一人で商売を始めた。

やがて、「一杯いこ。なんとか食えるようになったわ」ということで、彼の自宅に近いスナックで話した。ゼネコンの孫請けの孫請けのような仕事ばかり、随分苦労もあるようだが、「辛抱、辛抱。喧嘩なんかせえへんで」と語っていた。自分でリスクを負い、人に使われずに自分の体を動かして働くこの仕事は彼に向いているようだった。

そのうちに、おかしな話だが、私は痔をわずらった。姫路の専門医は即刻手術を勧めるが、切って直る、と決まったものでもないらしい。ためらっている私に、「大きな鮒《ふな》を生きたまま茹《ゆ》でて、その汁を飲めば直る」と知恵を付けた人がいた。だが、大きな鮒なんぞ、今の日本で簡単に手に入るわけがない。

すると、ある晩、どこで聞いたのやら、シゲボンが、大きな桶に鮒を何匹も入れて、持参した。こんな大きいのを生きたまま茹でる、など妻にはできないことだ。彼は、鮒たちが飛び出さないよう、ふたを押さえて、茹でてくれた。

その汁は生臭くて、飲めたものではなかったが、彼の好意に答えるべく、無理して飲んだ。彼は、それを見届けて、あわただしく帰っていった。商売繁盛で忙しいのだそうだった。

私の痔は、彼の鮒のせいかどうか、切ることもなくすっかりよくなって現在に至っている。私は、その一生のうちでも、もっとも多忙な時期に入っていた。オートバイ輸出の担当課長として、一年の大半を、アメリカ、欧州から、オーストラリア、ブラジル、南アフリカなどの南半球までの出張で明け暮れる数年だった。

昭和五十一年（一九七六年）夏、「第五話」のドイツへ赴任することになり、その準備をしている私に、彼から電話があった。やがて、奥さんの運転で、大きな壺に生きた蛸が数杯入っているのをみやげに、やってきた。

「今度はドイツか。ま、明石の蛸食うていんでや」

奥さんの運転も、運転好きの彼としては、いぶかしいことだった。昔の彼の面影がないまでに、すっかり太って円満になった彼だが、酒を勧めても、ほんのちょっと口をぬらしただけ。奥さんが、「肝臓が悪うて」と言っておられた。

ドイツの地で、新しい会社、新しい販売網を作るべく、灰神楽《はいかぐら》が舞いそうなあわただしい生活を送っている私のもとに神成五段からの手紙が届いた。それは、シゲボンが、肝臓障害のため、三十歳そこそこで亡くなったことを知らせていた。

嵐のように激しくて、太く短かかったシゲボンの生涯。家族を明石に置いて単身赴任の私は、語る相手もないまま、一人、フランクフルトの単身アパートで、ビールを飲んで、彼を偲んだのだった。

ヒコは、今、五十歳を過ぎて、明石工場で職長を務めている。

それにしても、新入社員かそれに毛の生えた程度の若造だった私に、入社当初から、自由に腕を振るわせてくれた川航はすばらしい会社だったし、私はそこで素敵な上司と仲間に恵まれたことを今でも感謝している。

正一よ、安らかに

夏季実習生

川航へ入社して二年目、昭和三十六年（一九六一年）夏のことだ。当時、大学の工学部の学生は、四年生の夏、つまり学生生活最後の夏休みに、メーカーで一カ月間実習を行なうことを義務づけられていた。技術者不足が顕在化して青田刈りが盛んになる以前のこととて、就職試験は十月と決まっており、だからそれは学生にとっては自分が志望する会社の下見、会社にしてみれば採用したい学生の囲い込み、の意味もあった。

新入社員に毛の生えたばかりの私は、明石工場に彼ら約三十名を受け入れる窓口を勤めることになっていたのである。彼らを独身寮へ収容できればいいのだが、そこは満員とあって、全員を町中の旅館へ放り込んだ。いわば通りすがりの、それまで会社との取引など皆無だった旅館で、こんなところにも私の野放図さが現れていた。

本人の希望と各職場の受け入れ態勢を勘案して全員をいくつかの職場へ割り振った。

彼らの中に熊本大学の学生がおり、これがリーダーシップを発揮して、毎晩旅館に近い「すずめ」という居酒屋にほぼ全員を集めて一杯やっている。私も何度か参加したし、その後、彼らを連れて自宅で飲み直したこともある。入社直後に結婚した私はきわめて貧乏していたし、もちろん交際費などまだ認められていなかったからだ。

この熊本大学の学生が渡辺正一だった。実に気持ちのいい男で、職場の評価も高い。当然のごとく、私は翌年春の入社を勧めた。

ところが、「ぼくは信念をもって自衛隊に入ります」とはっきり断るのだ。こんな例は彼一人だった。

そのうち、彼が神妙な面もちでやってきた。

「今日はみんなの代表です」と切り出したのが、

「毎晩『すずめ』で飲み過ぎた結果、所持金ゼロになった。みんなそうだ。あんな町中の旅館に放り込んだ会社にも一端の責任がある。だから、今まで半月働いた分、半月分の給料を払ってほしい」

こんな馬鹿げた話はない。「働いた」というけど、実際のところ会社に役立つ仕事など誰もやっていない。厚かましいにも程がある。彼だけは川航へ入社する気が全然なく、したがって会社の思惑《おもわく》を気にする必要もないから、こんな代表役を買って出たのだろう。

だが、私自身まだ学生気分旺盛だったし、貧乏学生の経験は豊富に持っていた。張り切って人事部門と掛け合ったのだが、向こうは当然相手にもしない。

「そんなこと言うのはアカじゃないのか？」とも言われたのは、その頃、左翼路線の労働組合がメーカーにとって最大の頭痛の種だったからだろう。それをなんとかかんとか押し切って、半月分の給料を払い、彼らは、そのお礼と称して、一夜私を「すずめ」に招待してくれたのだった。

やがて、一カ月が過ぎて、彼らはそれぞれの在所へ帰っていった。彼はその郷里である大分県北海部《きたあまべ》郡佐賀関町大志生木《おおじゅうき》へと向かった。彼以外の学生は、大学院進学者を除いて、全員、翌春入社してくるのだが、彼にはその気がないのだから、これで「愉快な学生」との一過性の邂逅に終わるはずだった。

意外な展開

ところが、九月になって間もなく、彼から手紙が来た。

「あなたの妹の浩子さんは評判の美人だそうだから、紹介してほしい」

とこれまた厚かましい話である。しかし、まだ学生気分が抜けないままの私は、彼宛の葉書に、「母上殿、浩子殿、この葉書持参の学生にビール一ダース飲ませるべし」と殴り書きして投函、そのまま忘れていた。やがて、母から、「お前の友達にもいろいろおかしなのがあったが、あんなに図々しい学生は見たことがない。あの葉書を持ってきたから、父もいなかったことだし、浩子と二人でビールを二本まで出したら、『あと十本は次の機会のため預けて置きます』と言って帰った。呆れ返った男だ」と便りがあった。

彼は、防衛庁へ入ってから、一度明石へ遊びに寄ってくれた。手先が器用な男で、ありあわせの竹を削って竹とんぼなど作ってくれるので、うちの子供はすっかり懐いたものだ。

酒を飲みながらの対話で、妹浩子のこともあったが、大して気にも留めないままだった。だが、そのうちに段々面倒なことになったようである。こんな桁外れの男を娘の婿へと望む親はないから、いろいろあったようだが、とうとう、昭和四十年（一九六五年）三月、結婚の運びとなった。一番気に入っている男が弟になるのはとても嬉しいことだった。

佐賀関町へ初めて行って、結婚式でしこたま飲んだ。そこは、新日鐵などの企業進出が一部始まってはいたが、まだまだ豊かな自然に恵まれ、海は美しく、「やはりこんな素晴らしい男を生んだ土壌だな」と思ったことだった。

四国へ新婚旅行へ行く二人と、神戸港へ帰る私とは別府から同じ汽船に乗り、私が、「ついでに新婚旅行にもついて行こうか」と言うと、彼は、「兄貴、歓迎する」と真顔で答え、妹は、二人の常識外れぶりを熟知するだけに、鬼のような顔で絶対反対を唱えたものだ。

「正一！」「兄貴！」と呼び合う関係のスタートだった。実弟以上に愛した義弟の誕生だった。

呑気な兵隊

やがて彼は、防衛庁から京都大学工学部大学院に派遣されて研究を深めることになった。

そして私は、昭和四十一年（一九六六年）一月、アメリカへ向かい、「第四話」へすすめむことになる。

明石から東京へ向かう途中、京都で彼らの家に一泊してしばしの別れを惜しむことにしており、浩子は、心尽くしの料理など用意していたようである。

ところが、例のシゲボンとヒコとが、明石、神戸で散々飲んでもまだ私と別れがたく、したがって正一夫妻を散々待たせた挙げ句、とうとう京都までついてきた。お客が好き、飲むのが大好きの正一は、早速私たち三人を連れ出して、その頃はやりの「長襦袢サロン」とやらに繰り込んだ。

泥酔した男ども四人を迎えて、浩子はまた鬼の顔になり、その夜、六畳一間の部屋に、総勢五人もの男女がどうやって寝たのか記憶に定かでない。

昭和四十三年（一九六八年）、母危篤とあって私はアメリカから一時帰国した。熊本で母を見舞った後、東京で正一に会った。彼の妻たる浩子は、一人娘のこととて熊本で母を診ていた。蕎麦好きの私のために、彼は大崎にあった「出雲蕎麦」へ案内してくれた。貧乏しているくせ、人におごるのが大好きな男で、この時もちょっと油断した隙に彼が払ってしまい、「兄貴、日本では任せとけ」など言っていた。

当時は防衛庁の本庁に勤めており、全共闘のデモに対して彼にも出動の機会があるのだそうだ。技術職としてその義務はないのだが、「あいつら、ぶちのめしてやる」と張り切っていた。左派を進歩派、正義派と見る風潮が強かった当時の世相にあって、彼にはほぼ同年輩の左翼学生たちへの強烈な、そして正しい批判精神があった。また、身長一七八センチ、いろんなスポーツで鍛え上げた体力への自信もあったのだろう。

防衛庁には古い、大きな池があって、そこには主と称される大鯉が住む、とされていた。彼は、それを釣り上げることで友人たちと賭け、毎晩釣り糸を垂れて、とうとうとんでもない大物を釣り上げ、料理すべき浩子がいないまま、それを懇意にしている料理屋へ持ち込んで、友人連と祝杯を挙げたのだそうな。「呑気な兵隊もあるものだな」と思う反面、彼が軍隊の中でも自由闊達に過ごしていることが窺われて嬉しくもあるのだった。

昭和四十四年（一九六九年）末、私は帰国して、また明石勤務となった。

彼らは横浜のアパートに住んでいた。東京へ出張した私が、ある夜タクシーを乗り付けて、「おーい正一！」と大声を張り上げ、彼が「ヤー、兄貴」と窓から顔を出したのを確認して料金を払い、上がっていったこともある。まだ自宅に電話がなく、それで事前に連絡するなどできない時代だった。これにも浩子は大不満で、「兄貴、兄貴は一体どっちの兄貴かな？　パパがおらんなら、そのまま寄らずに行くつもりだったろう」と我々二人に当たり散らしたものである。

その頃、あるアメリカ人が来日したのを羽田で迎えて、正一と三人で食事をしたことがある。このアメリカ人は、中西部の深い森の中を一日がかりで走るオートバイ・レースの権威者で、そんなクルマを明石で開発するために呼んだのだった。彼は、マリアブルという、可塑性に富んだ鋼材をオートバイの一部で使うことを主張し、明石の技術者たちは、「そんなものを量産車に使うのは耐久性の点で問題だ」と真っ向から反対していた。

食事の最中、彼ら二人はその話で夢中になった。化学方程式など書き合って、その議論にはとめどなく、門外漢たる私にはもう割り込む隙もない。正一は、海外指向が強く、英語の勉強もやっていてかなりしゃべれたのである。

明石工場で、技術者たちが、マリアブル反対論をぶつと、アメリカ人は、

「サム（私）の弟に電話しろ。彼は、私の知る限り、もっとも優れた金属材料の技術者だ。その彼が、耐久性にも何にも全然問題ないことを、日本語で見事に説明してくれる」

とふったのだった。

防衛庁中央技術研究所との長い、長い電話の後、明石勢も、「航空機材料として大丈夫なら、オートバイにもオーケーかな？」となり、テストを繰り返した上で採用されることになった。日本の量産オートバイがマリアブルを採用した初めてである。

彼の専攻は航空機の金属材料だったらしいが、そして毎晩遅くまで熱心に研究に励んでいたそうだが、彼のそんな面を垣間見たのはこの時だけだった。

三十三回忌の思い

昭和四十六年（一九七一年）六月、蒸し暑い梅雨時、会社の私に浩子から電話があった。私は家族たちに、勤務先への電話は本当の緊急事態だけに限るよう厳命しており、妹から会社への電話というのは後にも先にもこの時だけだった。

その緊張した声音《こわね》は、正一が危篤状態で自衛隊中央病院にあることを告げた。かねて健康そのものの男だけに、信じがたいまま、私は、仕事中毒でめったに休んだことのない私だが、すぐそのまま新幹線に飛び乗った。やがて佐賀関からご両親、兄弟なども駆け付けられた。丈夫な男だし、まだ三十一歳の若さとあって、みんな最初は楽観視していた。ご両親たちにとっては一門のホープ、とあって、治ってほしい気持ちも強かった。軍隊のことと て、二万CCもの輸血を受けることもできた。

そのまま、私たちは病院に詰め続け、一週間経ち、そして、本当に信じがたいことだったが、正一は亡くなったのだった。劇症肝炎とのことで、いろんな金属や薬剤に触れる職業柄、自衛隊では解剖による原因究明を求められた。もしも業務上と認定されれば、まだ年若い遺族たちへの給付が増える、という配慮もあったようである。遺族の同意を得て解剖は行なわれたが、特別な因果関係はなかったようだ。

そのまま、私たちは佐賀関へ行き、彼の葬儀を営んだのだった。佐賀関町、私は一生のうちに二度しか行かなかった。一度は結婚席、もう一度は葬式。ご両親も、兄弟、姉妹たちも、浩子も、みんな同じ顔ぶれで、ただ肝心の正一だけが遺影になっていた。そして、その五歳の息子徹と二歳の娘真弓とが、まだ事情もよく飲み込めないまま、うろうろしているのも哀れを誘うのだった。

ぐっと時代は下って平成の世となったある日、ＢＭＷに転じている私にカワサキの旧友から電話があった。彼は航空機部門の責任者となっていた。

さる防衛庁高官を、売り込みの一環として食事を誘ったところ、

「カワサキには種子島さんがおられるでしょう。あの方とお会いできるなら受けます」

とのことなので、よろしく、とのことだった。

「わしは防衛庁には知り合いはおらんがな」

「弟さんの葬式で会った、とか言ってたぜ」

その方は正一の同期の桜の技術将校なのだった。正一の思い出話のみ語られ、「今でも、みんな集まりさえすれば渡辺の話です。本当に素晴らしい奴でした」と繰り返しておられた。

その夜の会食が、旧友の商談に役立ったかどうかわからない。だが、私の正一が、彼の愛した自衛隊の仲間たちの中に今も生き続けていることがわかって、私にとっては嬉しい一夜であった。

今年、平成十七年一月十五日、娘真弓の結婚式が神戸であった。両家の親類縁者だけ約三十

名、仲人もなくて新郎の挨拶で始まった。サラリーマンの結婚式には付き物の、社長以下からの祝電も、上司、先輩の祝辞も、同期入社者のコーラスも一切無視したところに、私は彼の思いきりと創意を見て嬉しかった。

そしてその彼は、なんと川重明石工場に勤務する技術者なのだ。

兄の徹は父親代わりの役を勤め、母の浩子は「猩々」を舞って祝った。そんな彼らを、三十一歳のまま、今の徹、真弓よりも若い正一の遺影が、にこやかに眺めているのだった。

私には、天上の正一が働いて、この縁を結んでくれた、としか思えなかった。

披露宴の最後に、真弓の強い希望で、私は正一の思い出を語り、出席者一同、「素晴らしいお父さんですね」と言ってくれたのだった。

明石工場で出会い、やがて兄弟の縁を結び、実弟以上に愛した男、素晴らしい人柄と豊かな才能とで関係者みんなに慕われ期待された男、それなのにその才幹を実現することもないまま、さわやかな思い出だけを残して、年若くしてあの世へ天駆けた男、好漢の冥福を祈るや切なるものがある。

第四話　カリフォルニアひとりぼっち

アメリカへの道

シカゴからロスへ

カワサキオートバイはどうにも販売不振で、「こんな事業はもうやめよう！」という意見が川航トップの間で強かったようだ。

三十六歳、課長になったばかりの浜脇洋二さんがアメリカ進出を提案したのに対して、「日本で売れないものがアメリカで売れるはずもないだろう」との常識論が反対したのも当然だったろう。だが、彼は、シカゴに駐在員事務所を開設するところまで、まずこぎ着けた。アメリカ進出のための橋頭堡である。そして、一九六六年一月、満三十歳になったばかりの私がそこへ三人目の駐在員として赴任したのだった。自販の国内営業に失望して、若い浜脇さんと豊かで大きそうなアメリカ市場に賭けたのである。

東京を出発する前、営業担当の役員にあいさつに行ったら、

「頑張ってくれ。ところで英語は大丈夫だね？」

「いいえ、しゃべるほうは全然駄目です」と答えたら、怪訝な顔をしていた。

私は、英語の本はずっと読んでいたから、学生時代からの蓄積たる語彙（ボキャブラリー）の豊富さなどでは一般サラリーマンより遥かに勝っていた、と思う。だが、会話の経験は皆無だった。また、渡米前六カ月間だけ籍を置いた輸出部ではきわめて忙しく、レッスンなど受けるひまもないままだった。私たちの世代の学生は、外国語を読むことには熱心だが、会話を蔑視する傾向があったのも事実である。

寒いシカゴで、手探り英語でなんとか部品会社を設立し、そのシカゴも春になったことだし、「さて、ゴルフでも始めるか」と思っていた私に、浜脇さんがカリフォルニア行きを持ちかけてきた。カリフォルニアは全米の二〇％近くを占める最大オートバイ市場なのだが、そこを中心に、ネバダ、ユタ、アリゾナの諸州をカバーしていた、つまりもっとも大切な西部代理店が破産寸前にまで追い込まれたのである。

申し遅れたが、当時のカワサキにも一応の販売網はあった。日本の総合商社数社が、アメリカを分け取りして、日本からの輸出とアメリカでの輸入を引き受け、そのクルマと部品を代理店に売り渡し、代理店がディーラーへ卸売りする形でのカワサキオートバイ販売網が、アラスカ、ハワイも含めて、全米にあることはあったのだ。ただ、先行するホンダ、ヤマハ、スズキは、すべてメーカー出資のアメリカ法人が、輸入からディーラー指導、彼らへの卸売りまで一貫して行なう体制を整えていた。つまり、メーカーが販売まで責任を持ってやっていたのであり、対するカワサキは商社任せのままだったのだ。

浜脇さんはロサンゼルスにも事務所を作り、そこには、倒産したオートバイ・メーカーのトーハツで永年ロス駐在を勤めた人が、こんな事態に備えて、引き抜かれ、勤務していた。

彼は英語に堪能で、電話で航空機やホテルを予約する、などという、当時の私には手品のように映った仕事も巧みにこなすことができた。だから、代理店が危機に陥った現在、それをいかに凌ぐかは、まさにアメリカプロ、カリフォルニアプロたる彼の出番のはずだった。

しかし、彼は、「むしろ日本サイドで諸準備に当たりたい」と言った。

プロなだけに、やるべき仕事の大変さがよくわかっており、それを避けたのであろう。

浜脇さんは、困った挙げ句、一番新米の駐在員たる私を誘ったのだった。

私は引き受けた。シカゴ事務所で日本人だけで議論を繰り返す毎日には飽きていた。部品会社はそれなりにスタートし、そこには私でなければやれない仕事はなかった。ゴルフなんぞこでもできる。それに、国内で研修コースを作った経験から、私は、ディーラー網を作り指導することこそオートバイビジネスの根幹だ、と信ずるようになっており、カリフォルニアでそのチャンスがあるのならチャレンジしようじゃないか、という次第だったのである。

逃げた彼とチャレンジした私、この差が二人のその後を分けることになる。

私がアメリカ・カワサキの中心人物として躍進するのに対して、彼は会社ができてから本人の強い希望で再度赴任したものの、本物のアメリカ人を雇えるようになれば、英語がうまい、などセールスポイントにはなりえず、やがて大好きなアメリカを去っていくことになったのである。

さえない出足

別れるに際して浜脇さんが私に贈った言葉は、「そのギョロギョロ目玉で、カリフォルニアで完成車商売ができるかできんか目処をつけて、八月末までに報告してくれ」だった。一代の企業戦略家たりし彼も、「何を知りたいか」は明確でも、それをどうやって探るか、は不明だったのである。

いわんや私は、本当に五里霧中のまま、「なんとかなるさ」の意気込みだけで、一九六六年七月初旬のある日、ロサンゼルス空港へ降り立ったのであった。

空港にほど近いガーデナは、戦前から日本人の農業移民が多く、戦後はこの辺に、トヨタ、日産、ホンダなどが本社を置いたため、カリフォルニアでも有数のジャパニーズ・タウンになっていた。当時は市長も日系人だった。

そのガーデナの一角に、家具付きアパートを借りた。渡米直前の日本ではいわゆる2DK社宅に家族四人で暮らしていたし、シカゴでは町中の小さなアパートだったが、ここは、ロサンゼルス郊外とあって地価が安いのだろう、大きなリビングルームに台所、それにかなり大きな寝室が付いている。当時の私にはとても立派に見えた。だから、雑誌社などまで得意げにそこへ呼んだりしたし、彼らはアメリカ人らしく愛想よくほめてくれたものだった。

だが、本当のところでは、アメリカ人の目線からすれば、場所も部屋もおんぼろで、家具は最低の安物ばかりだし、おまけに私が全然掃除しないから不潔を極めていて、「こんな所に住んでいるようでは、カワサキは大したことないな」と思ったに違いないのである。

電話を引き、シカゴから持参した手動式のタイプライターを置き、そしてシカゴから愛車コルベアが到着すると、さあ仕事開始である。

タイプライターについて一言しよう。シカゴ時代の私は英語で意志疎通することが全然できなかった。だから、アメリカ人の明確な返事が欲しい場合、その案件をタイプアップして、彼に、「イエスかノーか」と迫ることにしていた。全然しゃべれない私が意外に難しい表現を用いるものだから、相手が驚くこともあった。タイプライターはその後も使い続け、かようにキーボードに馴染みがあったことから、私は後年、私の世代の平均的日本人に比べればワープロやパソコンに抵抗を感ずることが少なかったのだろう。

愛車コルベアについても一言しておこう。これはゼネラルモータースが、当時アメリカ市場を席巻しつつあったフォルクスワーゲン・カブトムシに対抗すべく開発した意欲作で、空冷、フロントエンジン、スポーツカーのように低い操縦席、と私はとても気に入っていた。だが、これは、若い弁護士ラルフ・ネーダーによって欠陥車第一号とされ、やがて市場から姿を消すことになる。

私のカリフォルニア調査は、ロサンゼルス中心街にある東京銀行を訪問することで始まった。一九六六年のその頃、まだ邦銀の進出は少なく、東銀がオートバイの輸出、輸入手続きを独占していたからである。私が課長でも係長でもない一係員だから、支店長は名刺をくれただけで、若い次長クラスが相手をしてくれた。

「オートバイは既存の三社でもう沢山ですな」とのっけから弾圧にかかる。

一九六〇年代、ホンダ、ヤマハ、スズキの順でメーカーが進出してきて、毎年飛躍的に伸び続けていたようだが、実際には昨年の六五年、今年六六年と供給過剰がはっきりしており、「大きな声じゃ言えないけど、折角持ってきたバイクを、また船賃かけて日本へ送り返してる例もあるんですよ」と言う。来るのはやめろ、もし来ても、東銀は輸出、輸入をやらないぞ、ということである。

次に私は、同業他社たるホンダ、ヤマハ、スズキを歴訪した。三社共、最大市場たるカリフォルニアのロサンゼルス界隈に本社を設けている。どこでも社長補佐クラスの日本人が相手してくれた。

「大変ですよ、アメリカは」

これは、「日本での敗残兵たるお前ごときに目はないよ」の意味だろう。

アメリカ人の程度の低さ、使い難《にく》さも異口同音だった。戦後の占領政策の中で、「憧れのハワイ航路」など歌って育ち、アメリカへの憧れに満ちて渡米したばかりの私は、かようにアメリカ人を平気でけなす彼らに一瞬尊敬の念を抱いたものだった。本当のところでは、彼らのアメリカ人蔑視はその劣等感の裏返しに過ぎないことがやがてわかるのだが。

ちなみに、我がカワサキの経営戦略は、このようにアメリカ人を蔑視したり、日本人だけに地位を与えるのではなくて、アメリカではアメリカ人を活用しきることであり、私は後年それをドイツでも実行することになるのである。

ホンダ以下の日本勢は、もともと日本で売っていた５０ccに始まる小型バイクを持ってきて販売網を作り、急速にお客を増やしていた。だが、アメリカでモーターサイクルと言われるのは、フリーウェイを巡航できる大型車で、この分野は地元アメリカのハーレイダビッドソンと欧州勢が独占していた。中でもイギリスのトライアンフは高いブランドイメージを誇っていた。

私は、渡米前から、ホンダ以下の日本勢の後塵を拝するのではなく、欧州勢に割り込むことで、他の日本車とは違った行き方が可能なのでは、と考えていた。

だから、東銀と日本同業他社にけんもほろろの扱いを受けた私は、トライアンフの西部代理店を訪問することにした。その副社長は、モーターサイクル業界の代弁者として新聞、雑誌に登場することも多かったからである。ガーデナからフリーウェイ一一番を一路北上したパサデナの社屋で、日本メーカーの社長のように部下任せではなく、彼自身私を迎えた副社長は、しかし苦虫を噛みつぶしたように不機嫌だった。

「今まで我々と日本メーカーとは共存共栄のいい関係だった。君たちが小さなバイクでお客の層を広げ、本当のマシンがほしい人々は我々に乗り換える、ということでやって来た。

ところが、カワサキは６５０ccＷ１を出してきた」

それは、アメリカ進出にはこんなものでも役立つか、という手探りの中で、買収した目黒の５００cc車を急遽ボアアップした代物で、発表はしたものの、西部代理店が仮死状態のカリフォルニアにはまだ入ってもいなかった。

「これは折角の共存共栄を破壊しかねない危険な企てだ」と切り捨て、さらに、「それは古いイギリス車のフルコピーだ」と攻撃し、また、「君たちにはビッグマシンを売ってサービスする販売網を持たないから、買ったお客は不幸になるだけ。ひいてはモーターサイクル全体のイメージを害することになる」といきり立った。

私は意外だった。W１は手探りの産物に過ぎず、これで天下のトライアンフを相手取ろう、などの大それた望みなどなかったのだ。だが、それを説明する英語力もないまま、私は引き下がらざるをえないのだった。今思えば、さすがに彼は事態の推移を見通していた、ともいえよう。この後、カワサキ６５０㏄を皮切りに、日本勢の大型化が進み、それとの競争に敗れて、彼らイギリス勢は約十年後には市場から淘汰されることになるのだから。

駐車場でコルベアに乗り込もうとする私に追いすがった巨漢があり、「モーターサイクルディーラーニュース誌編集長」と名乗る。この雑誌は、ディーラー事情がよくわかるので、シカゴ以来購読していた。よその会社の駐車場では立ち話もできないので、翌日アパートへ来て貰った。

「カワサキの代表者がどこかにいる、とのことで、散々探していたんだ」

九月にディズニーランドホテルで、業界関係者しか入れないトレードショーを開催するんだそうな。

「カワサキは今話題の的だ。ぜひ出品してほしい」

例の６５０cc に加えて、間もなく「サムライ」のニックネームで発売することになる２５０cc車についても、秘密裏にテストを繰り返した南部、東部辺りから、「量産車では一番速い」という噂が絶えなかった。

これらを、初めてカリフォルニア州で一堂に集めるのは、主催者として魅力的に違いない。当方も、カリフォルニアで販売を開始できるのなら、この時期に多くのディーラー及びディーラー候補者に商品を見て貰えるのは極めて好都合だ。だが、現在のところ、西部代理店はまだ存在しているのだし、それに代わる会社を発足させることができるかどうかもまったく白紙だ。私がこんな話をしていることすら、西部代理店に訴訟の口実を与えることになりかねない。ガーデナ・アパートのリビングルームで、彼の目の前で、私は簡単な契約書をタイプアップした。

第一に、両者共、この話は絶対秘密とすること。

第二に、彼は、カワサキのため、一番いいコマを空けておくこと。念のために、彼が持参した会場見取り図のコマ番号を明記し、その見取り図を添付した。

第三に、カワサキが出品するか否かの決定は、八月末までに伝えること。

第四に、カワサキが出品しない場合にも、彼は損害賠償など一切求めないこと。随分勝手な取り決めだが、話題のカワサキがぜひとも欲しい彼は異議なくサインした。

私もサインして、両者一部ずつ保管した。渡米後半年経ち、私は契約社会アメリカでビジネスをする要領を身に付けつつあったのだろう。

西部代理店と結ぶ商社、安宅産業（株）駐在員からはしょっちゅう電話があった。

最初は、代理店主が私と会いたがっている、ということだったが、私は相手にしなかった。

半年前の一月、東京からシカゴへ赴任する途中、私は彼の案内で西部代理店を一度訪問している。それはサンセット・ブルバード、というハリウッド有数の大通りにあった。

卸売りに徹する代理店なら、こんな家賃の高い場所に構える必要はないわけで、これは同社が小売りを重視していること、つまり、顧客たるディーラーたちと競合していることを示した。これだけでも代理店として失格である。ちなみに、ホンダ以下の日本勢もトライアンフの西部代理店も、小売りなんぞまったくやっていない。

また、その部品庫は、私が一年前に見た鹿児島のディーラーのそれよりも小さく、西部四州の代理店のものとは思われなかった。求められるままに、私はそう言い、「これは見込みありませんな」と結論付けた。弁護すべき立場の安宅産業は、「あなたはアメリカがわかっていません」と商社が無知なメーカーを手玉に取る際の決まり文句を使った。

「アメリカは物流が発達しているから、部品在庫は少さくてもいいのです」

だが、それから一カ月後にシカゴでコルベアを買う際、そのシボレー・ディーラーの部品庫を見せて貰ったら、それは、日本で見たいかなるディーラーの部品庫よりも大きく、高度の管理体制の下にあった。「これがアメリカのレベルだな」と悟り、改めて西部代理店を見放した次第だったのだ。

私は、ますますもって我が西部代理店を見限り、どっちに転んでも、彼との契約を更新することはない、と決めていたのである。

次に安宅は、「食事をしましょう」と私を誘った。

「アメリカにもおいしいものがありますよ。ガーデナでは、ろくな食堂もないでしょう」

しかし、メーカーの一係員に過ぎない私は、日本でも料理屋なんぞとは無縁だったし、どだい雑食派で、食のえり好みなどしないほうである。ガーデナアパートのすぐ近くに、メキシコレストランと中華レストランがあり、いずれも結構な味と思われ、私は満足していた。また、これもほど近い、ざるそば、焼き魚などを食わせる安直な日本飯屋も気に入っていた。いずれにせよ、彼の誘いを受けて、ロサンゼルスの日本人街リトルトーキョーとやらまで遠出して高級料理屋でかしこまる気にはなれないのだった。

ディーラー訪問準備

「実際にお客と接しているディーラーの話を聞き、考えるしかあるまい」と方向を見定めた私は、その準備に夢中だったのである。

帰国した前任者が残した資料の中に、カリフォルニア州のディーラーリストがあった。これでカワサキを売ったことのある店三十二の住所、電話番号、主人名などがわかる。また、これらの店それぞれが西部代理店から仕入れた月次記録もある。これは毎月の仕入れ台数をモデルごとに示している。仕入れではなくお客への販売台数こそ肝心なのだが、西部代理店は頑として前任者にそれを開示しなかった。

また、彼がディーラーを訪問するのを禁止していた。メーカーとディーラーが直接結びついて自分が閉め出されるのを恐れたのだろう。私は、まずこれら三十二店を州の地図にプロットしてみた。カリフォルニア州の面積は日本の一・二倍だから、これを全部見て回るのはかなりのドライブになる。

次に、一店ごとの訪問報告書のフォームを作った。その店の歴史、最近三年間のブランド別、モデル別販売台数、最近三年間の財務状況、組織、部門別人員、新車、中古車在庫台数、部品在庫金額、サービス工場設備、仕入れに対する支払い条件、お客の支払い条件など、その店の能力を判断するための諸項目に加えて、カワサキへのコメント、つまり、なぜ売れないのか、どうすれば売れるようになるのか、を求めることにした。

店別の報告書を綜合して、カリフォルニアで販売に乗り出せるかどうか、乗り出す場合どんな点に気を配るべきか、を判断しよう、というわけである。

この報告書にまとめるための、ディーラーに対する詳細な質問票も作った。

つい一年前、日本の「自販」用に立案実施した「カワサキ単車販売要員研修コース」の経験をフルに生かしていた。というよりも、より正確には、これしか、私が頼りにできる経験はないのだった。報告書と質問票、各百部を近所の印刷屋に頼んだ。

さすが脳天気の私も、カリフォルニアで、現有三十二に対して、百を超えるディーラー候補に接触しうるとは思わなかったのである。今なら、これ位の部数なら、パソコンで書いてプリント・アウトすれば済むことなのだが、パソコンなどまだ存在せず、コピー・マシンも持たな

い身では、印刷所に頼むしかなかったのである

ドサまわりの試練

トムとの交わり

七月初旬のある月曜日の朝、私のコルベアはガーデナからフリーウェイに駆け上り、約百五十マイル（二百四十キロ）離れたベーカースフィールドへと北上を開始した。ここの「ベーカースフィールド・モーターサイクル」は毎月切れ目なく仕入れており、これはカワサキをまじめに売っている証拠では、と思われたため最初の訪問先に選んだのである。前日の日曜日に電話しておいたのだが、何しろ私の英語はまだお粗末極まるから、

「カワサキに何か関係のあるらしい男が午後一時にやって来る」という風にでも理解してくれていたことだろう。

それは町なかのなかなかいい場所にあり、カワサキの看板もよく目立っていた。駐車場でコルベアをとめて外に出るや、大柄の青年が、「君がカワサキか。待っていた。トムだ」と手を差し伸べてきた。店内では、パートナーのチャーリーとトムの妻のスーが待ち構えていた。一年前にチャーリーのお母さんから資金を引っ張り出して、カワサキ専門でこの店を出したのだそうだ。トムが販売中心に全体を見て、チャーリーはサービス、スーは経理を担当している。だが、実際にはサービスも要所はトムがやっており、出資者たるチャーリーは使い走りだけの

ようだった。

私は、「カワサキのサム」と自己紹介した。アメリカ人は、「たねがしま」などという厄介な名前をまともに覚える気が全然なく、「おさむ」をもじった「サム」がシカゴ以来私のことになっていたのである。私の発音がでたらめだから、「カワサキのサム（*Sam* of Kawasaki）」と言ったつもりが「カワサキの誰か（*Some* of Kawasaki）」と受け取られることもあるようだった。だが、どのみちカリフォルニアのカワサキは私一人だけなのだから、どちらでも構わないのだった。

ショールームにはカワサキに加えてスペインのブルタコも数台並んでいた。部品庫もサービス工場も、小さいながらきちんとしていた。

「この辺の連中はカワサキを知らない。ホンダだけがバイクだと思っている。

だから、開店直後、レース場を借り切って、仲間五人が交代で８５ccＪ１の連続耐久運転をやった。つぶれるまで十八時間かかった。これはいい宣伝になったよ」

もともとトムとチャーリーはレース仲間、この辺きっての美人たるスーは優勝者にキスしてトロフィーを渡すレース・クイーンだった。そのキスを独り占めしたいばかりにトム青年は毎レース奮闘して、ついに彼女との結婚にこぎ着けたのだそうな。

「われわれはカワサキにほれている。すばらしいマシンだ。最初の一年間に七十台以上売り、なんとか損をせずに初年度決算ができそうだった」

「ところが、今年の五月以降、西部代理店に注文しても、クルマも部品も一切来なくなった。

アメリカ・カリフォルニア州地図

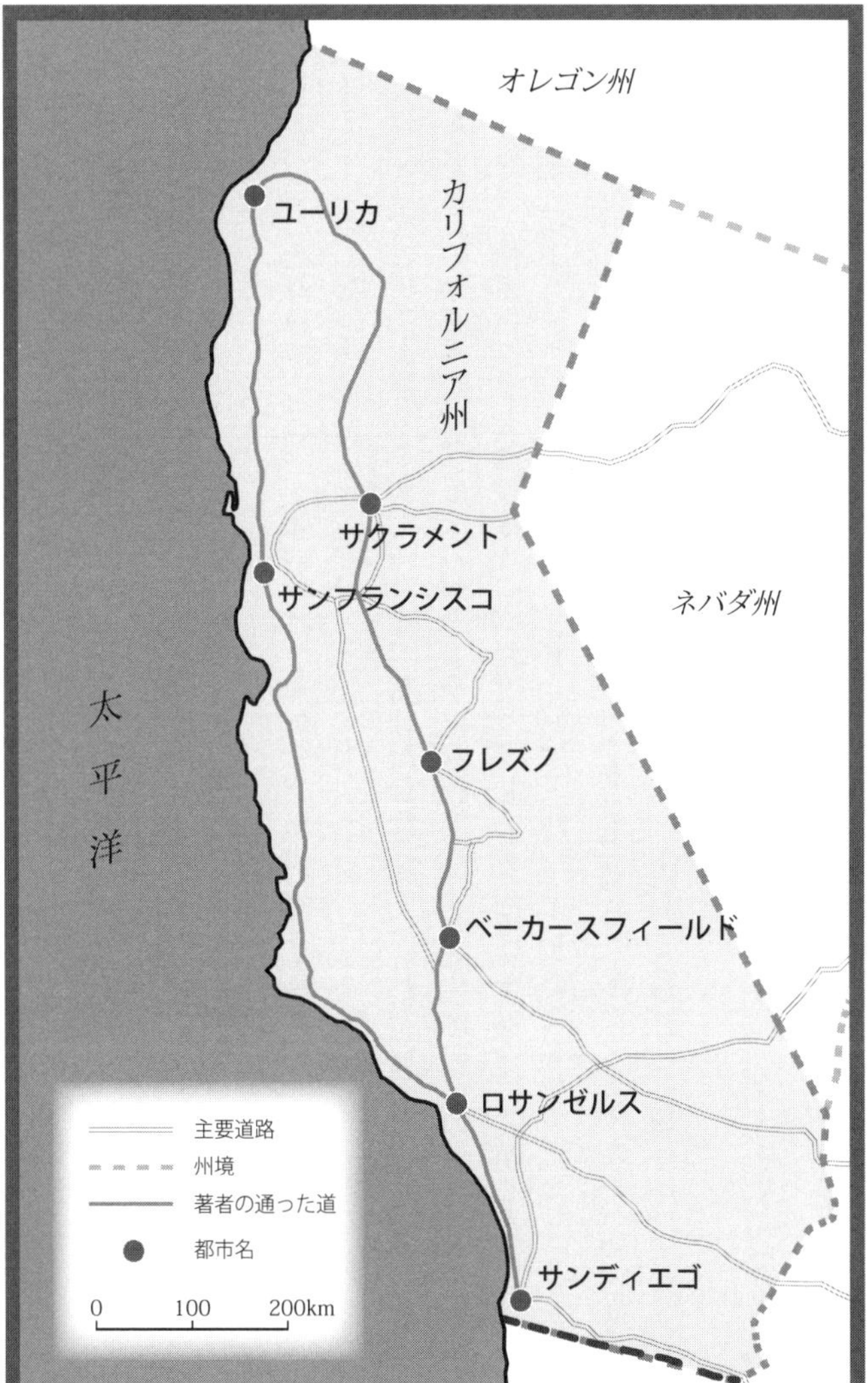

噂では、彼は君たちメーカーとごたごたしてる、っていうんだが、一体どうなんだい？」

「サム、見ろよ。われわれはブルタコを売っている。いつ来るかわからぬカワサキを待って腹をへらしているわけにはいかないから、こんなスペイン車で繋いでいるんだ」

「店のカワサキは、本当はみんな売り物にならない欠陥車だ。お客を待たせるわけにいかないから、部品取りして渡したからだ」

「サム、あと何週間待ったらいいんだい？　お客は、日本車最大の650ccや、世界最速の250ccのことを尋ねるけど、一体いつになったらそんなクルマがここに来て、われわれを儲けさせてくれるんだい？」

のっけから大の男二人にやりまくられて、私はたじたじとなった。反面、この二人の真剣さには打たれるものがあった。私は、万が一よそにもれても、西部代理店とのゴタゴタになることのないよう、慎重に言葉を選びながら、たどたどしい英語で一生懸命に説明した。

「西部代理店とはいろいろ話を進めている。私の仕事は、どうすればカリフォルニアでもっと沢山のカワサキを売ることができるか、報告書をまとめることだ。そのため、カワサキを売ったことのあるすべてのディーラーから話を聞きたい。君たちがその皮切りだ。

一時間程相手になってほしい。部品はシカゴから取り寄せる」

その場で必要部品を確かめ、シカゴに相手払い（コレクトコール）の電話を入れて解決してあげた。

その上でやっと質問票に取りかかることができたのだが、トムはすべてに答えてくれた。「答える店はあるまい」と覚悟していた財務状況については美しいスーが帳面を見せながら詳細に説明してくれた。

仰天したのは支払い条件だ。

当時の日本では、たとえば私が１２５ccのオートバイを買ったとき、三年間、三十六枚の手形を振り出してディーラーへ渡した。ディーラーは毎月その手形を持参して私に支払いを求めるだけでなく、それを裏書きして、メーカーなどへの支払いに当てることも普通だった。この手形管理の手間、お客がまともに手形を落とさないこと、要は資金繰りに詰まって、ディーラーだけでなく一時百社を超えたメーカー群も次々に倒産したのだ。

ところがここアメリカでは、銀行がオートバイ購入のローンを扱う上、オートバイ専門の金融機関がカリフォルニア州に二つある、という。お客はディーラーからオートバイを買い、これらの一つから融資を受ける。

「だから、代金はディーラーには金融機関から百パーセント現金で入り、後はお客が金融機関に毎月払うのさ」

では、ディーラーには資金繰りの苦労はないではないか！

「アメリカンホンダや西部代理店のようなメーカーは、オートバイを出荷して請求書を立てる。支払い条件は様々だが、ディーラーが支払うまでメーカーは原産地証明書を押さえる。カリフォルニア州では、オートバイを売っても、それなしには登録できないし、販売後一定期間内に登録を済ませなければ、ディーラー免許を取り消されることになる」

それなら、メーカーもしっかり保護されているわけだ。日本で一番大変な売掛債権管理、資金繰りの手間が省ける！　私は、暗闇の中に一条の光を仰ぎ見た思いだった。

トムの説明は懇切丁寧を極め、「君たちとわれわれは一つ船に乗ってるようなものだ」と繰り返して、一切を明かしてくれたから、一時間の予定が四時間もかかった。

カワサキについては、「今のマシンが既にいいけど、もっともっと新しいモデルを持ってくること、ホンダのようにメーカーが出てきて、技術指導と部品供給を行なうこと」を要求し、「そうすれば、ベーカースフィールドで毎年三百台は売って見せる」と明言した。

三百台か、そんな店を百作れば、このカリフォルニアだけで三万台になる。

「今年の対米輸出が総計二万台だから、悪くないな」と思った。

トムたちは、もう夕方だし、ここで一泊することをしきりに勧めてくれた。だが、先へ向かって気がせくまま、それを振り切って私がコルベアに向かうと、トムは、

「明日からの訪問がこんな調子で行く、とは考えるなよ。君の報告書には興味津々《しんしん》だから、一度ガーデナを訪ねよう」と皮肉っぽく笑った。

フレズノ初見参

トム、チャーリー、スーの三人に別れを告げて、百七マイル（百七十一キロ）北のフレズノへと向かった。

フレズノ出口で高速道路を降りて、行き当たりばったりのモーテルへ飛び込んだ。アメリカ

の常識では電話で予約しておくべきなのだが、まだそんな常識に暗く、また英語での電話が大の苦手ときているから、この旅行での宿はすべて飛び込みだった。また、アメリカでは支払いにクレジットカードがそろそろ使われ始めていたが、会社もなく、信用ゼロの身には無縁で、一切現金払いだった。

モーテルの一室。質問票を見ながら、トムの店に関する報告書を書いた。すべての項目を埋めることができ、二時間程掛かったものの、私は満足だった。この調子で三十二店網羅したら、すばらしい報告書をまとめることができるだろう。また、ディーラーがこんなにも協力的で開けっぴろげならば、販売はうまくいくに違いない。モーテルの食堂でうまくもない晩飯をビールとウイスキーで流し込みながら、明日以降の実り多かろう旅を祝ったことだった。

フレズノは、人口三十五万とベーカースフィールドの二倍、北カリフォルニアの中心である。この町から、カワサキ専門店を開きたい旨の手紙がシカゴ事務所宛に舞い込んでいた。そのタイプライターが、ビジネス用に普通に使われていた電動式ではなくて、私のと同じ手動式だったのはいささか不審な点だが、専門店志望とは有り難い話だ。

翌朝、所番地を頼りにコルベアを走らせたのだが、そこは住宅地の中の小さな民家であった。招じ入れられたのは、私のアパートと大差ない粗末な部屋。二十歳前後と思われる青年が主人公、「妻だ」と紹介されたのは、まだ少女の感じで、それでもこちら風に、コーラのびんを抱えたまま座り込む。

「大学に行っているんだけど、いい加減飽きてね。バイクが好きなんだ。ホンダの３０５cc

を持っている。フレズノにはカワサキがないから、これで一儲けしよう、ってわけさ。

金？　いくら位必要だろう？」

私は、トムの話を反芻しながら、

「最低三万ドル、できれば五万ドルほしいね」

「三万？　冗談じゃない。学生にそんな金あるわけないだろう。三千ドルならなんとかするがね」

これは時間の無駄だった。報告書は彼と彼女の名前、それに住所と電話番号しか埋まらない。

「バイクに乗るのは楽しいけど、それを売るのはビジネスだぜ。もっとまじめに考えよう」

とたしなめて、次の街へと向かったのだった。

難行苦行の旅

フリーウェイ９１番に沿って北上し、町々のディーラーを虱潰《しらみつぶ》しに訪問していった。

ベーカースフィールド、フレズノに比べて小さな市場のせいもあって、店は小さく、人数もトムの店と同じ程度で、主人がすべて切り回している点も同じだった。

ただ、トムがカワサキだけでビジネスを構築しようとしているのに対して、彼らはホンダ、ヤマハなどで食っているのであり、「西部代理店の勧めで置いてはみたけど」カワサキにはなんの愛着も持っていなかった。

「日本のバイクはみんな同じさ。カワサキなんていらないよ」

「ホンダに比べて、西部代理店の技術指導、部品供給はなってない。そんなバイクを売るのはお客に見放されるもとになる」

ちゃんと電話でアポイントメントを取っての訪問なのだが、対談中に来客や電話があれば、私のほうはいつまでも遠慮も会釈もなく放りっぱなし、やっと席についても、私の質問に答えようともしなかった。報告書には空欄のみ増え、私は、トムの言葉、「明日からの訪問がこんな調子でいくとは考えるなよ」を苦っぽく思い起こすのだった。

やはり最初に飛び込んだトムが例外だったのだ。

他のディーラーたちは、カワサキに愛着も期待も持たず、私と過ごす時間を惜しがっているのだ。「こりゃあ大変だわい」と痛感し、前任者が避けて帰国した気持ちが遅蒔《おそま》きながら、初めてわかったのだった。

レッディングからの２９９号線は、「アメリカにもこんな道があったのか」と思われるすさまじい山道だった。舗装こそしてあるが、アップダウン、カーブの連続で、両側は深い谷、対向二車線の所もある。私の自動車運転は、シカゴで免許を取り、シカゴやロサンゼルスの町中や周辺の高速道路を気楽に吹っ飛ばしていただけのものだった。日本にはこんな道も多いが、その日本ではオートバイしか乗っていない。オートマチックチェンジ車でクラッチがないから、どうしてもブレーキ踏みっぱなしになる。そこへ、地元の慣れた運転者が高速で迫ってきて、「どけ、どけ」とばかりにクラクションを鳴らすのだが、対向二車線では避けようもない。

「オートバイで来ればよかった」など思っても後の祭りである。

こんな思いまでして難行苦行するのは、カリフォルニア州の北端、オレゴン州に近い太平洋沿いにあるユーリカという寒村を目指してのことであった。そこを省略すれば丸二日間の節約になる。人口二万七千とあっては、市場規模も知れている。それでも敢えてやって来たのは、「三十二店全部つぶす」というコケの一念もさることながら、その店が、毎月、わずかな台数ながらコンスタントに仕入れていることから、「トムのような優秀ディーラーなのでは？」の期待もあったからである。

山道を抜けるのに何時間かかるか読めないまま、ディーラーに電話することもなく飛び込んだユーリカは、思ったとおりの小さな町で、「ユーリカ・モーターサイクル」もすぐ発見することができた。アメリカの町を、所番地を頼りに探し回る技術は身に付きつつあったのである。

金曜日の午後四時過ぎ、という、オートバイ屋がもっとも忙しいはずの時間帯に、それは閉まっていた。「おかしいな」と思いながら、モーテルに入り、レッディング店に関する報告をまとめ、六時半にもう一度電話してみた。

「会いたい。すぐ来てほしい」とのこと。

小さなショールームに新車はカワサキの三台だけ、あとは下取った他ブランドの中古車ばかりである。部品在庫皆無、サービス工場には簡単な工具類が転がっているだけ。

「従業員はいない。一人でやっている。郵便局に勤めていて、月曜から金曜までの夜五時半以降と土曜、日曜だけやっている。新車が年に三十台は売れるから、いい小遣い銭稼ぎになるよ。こんな小さな町で、カワサキのようにあまり知られていないブランドをフル・タイムでやるのは無理だ。ホンダ、ヤマハは勿論フル・タイムだが、去年、今年と赤字だそうな」

パートタイム・ディーラーというのは初めてである。

「一緒に食事をしないか？」とトム以来久しぶりの嬉しい誘いだが、金曜日の夜とあって結構お客が入っているので、これは辞退した。

モーテルでこの店に関する報告書を叩いた。この報告書は最後に、A：是非ともディーラーにすべし、から、E：絶対にすべからず、まで、五段階でその店の総合評価を行なうことにしていた。

一週間で十四店に、フレズノの学生夫婦を加えた十五者を訪ねたことになる。

最初のトムには躊躇することなくAを進呈したのだが、その後はDとEのみ続いていた。

このパートタイム・ディーラーの評価にはいささか迷った挙げ句、「小市場でのカワサキ専門店に限ってパートタイムを認める」ということにして、Bを与えたのだった。

もう九時近い。五日間にわたって運転ばかり、全然運動していないせいか、私として珍しいことに、食欲をなくしていた。夕食は、モーテルの食堂で、大体フライド・チキンで済ませることにしていた。ステーキなどを注文すると、肉の焼き方とかサラダのドレッシングの種類とかいろいろ尋ねられて面倒だが、フライド・チキンだとそんな手間が掛からないからである。

「週末だ。たまにはうまいものでも食うか」

町中で目についた魚料理屋らしい一軒に入った。満席に近いが、幸い、隅っこの席に案内された。週末の夜とあって、電話予約をしておくのが常識なのだが、まだそんな常識もわきまえていなかったのである。

まずスコッチ水割りと生ビールを注文した。不自由だらけのアメリカ暮らしの中で、一つだけ嬉しかったのはスコッチのことである。当時の日本では極めて高価で、所帯持ちの安サラリーマンには手を出せなかったシーバスリーガルなんぞを、アメリカでは気楽に飲むことができる。ワインをたしなむ趣味などまだ無縁の私なのだった。

チビチビやりながら見回すと、どの席も男女ペアか家族連れで、にぎやかにしゃべりながら食事を楽しんでいる。ひとりぽっちは私だけ、水に油が一滴浮かんでいるような感じだ。

私は、スコッチと生ビールのおかわりを繰り返し、珍しくスープから始めて本格的に食べ始めた。魚、エビなどのフライの盛り合わせもなかなか結構だった。

そのうち、楽団が入って、フロアでダンスが始まった。みんな、とても楽しげに踊っている。それを見ながら、珍しく家族のことを思った。妻と二人の子供達は、熊本の妻の実家に疎開させている。

「こんなところで一緒に食事したら、楽しいだろうなあ」

ディーラーまわりに夢中で、ついぞ考えたこともない思いが浮かんでは消えた。

「会社を作り、販売網を築き、毎月給料の出る目処をつけたら呼べるんだが、あんな風にランクDとEばかりじゃ、それも夢かな」

珍しく感傷的になっている私を、かなり酔っぱらったおばあちゃんがフロアに引っ張り出してくれた。いい加減に手足を動かすと、周囲のみんなが手拍子で景気付けてくれる。

一区切り付けて休んでいると、そのおばあちゃんからドライマティーニの差し入れが来た。こちらからも返して乾杯していると、中年男がやって来て、

「日本人だろう？　ユーリカで日本人を見るのは初めてだ。駐留軍で立川に三年いた」

と生ビールをおごってくれた。山道運転の疲れもあって、前後不覚に酔った週末だった。

太平洋に沿って南下

翌土曜日の朝、ゆっくり起きて、フリーウェイ101番、通称ゴールデンステートフリーウェイを、それまでの北上一本槍から一転、初めて南下した。ユーリカ、サンフランシスコ間二百八十一マイル（四百五十キロ）の間には一軒もディーラーがないから、のんびりドライブした。

サンフランシスコは数々の歌謡曲で馴染み深い町だ。夕刻、歌で馴染みの金門橋を渡って中心街へ突っ込んだ。この夜も行き当たりばったりでホテルへ飛び込んだのだが、その料金が、それまで泊まりを重ねてきた田舎モーテルとは一桁ほど違うのに驚いた。

シャワーを浴びて、これも歌で名高いチャイナタウンへ行った。一週間ぶりの米の飯が、中国流のパサパサのものではあるが、とてもうまかったのを覚えている。このチャイナタウンは、七〇年代に入ると、いわゆるチャイニーズマフィアの巣窟となって、一般客の足踏みでき

る場ではなくなるのだが、その頃は、まだ観光客で大いに賑わっていた。

翌日曜朝、「休みかな?」と思いながら、隣町南サンフランシスコのディーラーへ電話すると、意外なことに小さな女の子らしい応答があった。カワサキのサムであること、もしよろしければ訪問したいこと、を告げると、子供らしい明晰さで、

「あなたの言葉は理解しがたい(I can't understand your language!)」ときた。

この辺が、その頃の私の英語に関する正当な評価だったのだろう。

だが、それで引っ込んでは仕事にならないから、なんとか粘って、彼女の父を引き出した。

「すぐ来てくれ」とのこと。

町外れのその店は、日本で言っても田舎の自転車屋の風情である。新車は一台もなく、中古車数台にヘルメット、変型ハンドルなど値の張らない用品類がゴタゴタ陳列してあるだけだ。部品庫はほこりにまみれ、サービス工場にはろくに工具類もない。

「近くの工場で機械工を長年やっている。エンジンをさわるのが好きで、数年前からこの店を始めた。夜と週末だけ開店。従業員はいない」

店のすぐ裏が住居になっている。職住接近は日本のディーラーでは普通だが、アメリカで見るのは初めてである。

「あなたの言葉は理解しがたい」のお嬢さんはショールームで遊んでいる。

北カリフォルニア一の大都会をカバーすべきディーラーがこれか! 彼は、「サンフランシスコ地域でパートタイマーはまずいかい? 君たちが本気で出てくるんなら、フルタイムでや

る気はあるんだぜ」と言うが、そのための資金を持っているとも思われない。彼は、パートタイマーであることを気にしてか、しきりに昼食に誘うのだが、日曜日の朝のことといて、結構客がついているので断った。ただ、「娘が失礼なことを言って済まない。きつく叱っておいた」に対しては、「気にしない。子供は正直であるべきだ」と答えて、その子の頭をなでたのだった。彼女は遠く離れた私の娘にちょっと似ているようにも見えたからである。この店の評価は当然Eだった。

我が西部代理店の不思議さは、サンフランシスコ、フレズノと北を代表する大都会にはディーラーを作ってないくせ、ユーリカのような僻村にはちゃんと持っている点にある。

「これだけでも代理店の資格はない」と改めて思ったことだった。

途中一泊しただけで、月曜日の夜、ガーデナアパートへ帰り着いた。溜まっている郵便物を整理した後、シャワーを浴びていると電話が鳴った。西部代理店主である。

「断りもなく私の販売網をまわって貰っては困る。彼らもわけのわからぬ外人に邪魔されて怒っている」

「市場調査だ。訪問先に少しはカワサキディーラーも入っていたようだが、それだけ避けるとかえっておかしいだろう」

「今後はやめてほしい」

「そうはいかないよ。こちらも仕事だ」

「訴訟するぞ」

「市場調査をかい？」

「ともかく今後はやめること。全然部品がなくて、ディーラーに訴訟されかかっている。リストを送るから至急届けること」

「よろしい。ただし代金、運送料着払い（ＣＯＤ）だよ」

「着払いとは何事だ」

「嫌なら届けないだけさ」

「それから６５０を十台、これもすぐほしい」

「完成車は一切駄目」

「ふふん。訴訟で吠え面かくなよ」

彼は、日本人が訴訟に弱く、「訴訟するぞ」と脅かすと恐れ入りやすいことを承知してか、「訴訟」を連発した。だが、北カリフォルニアで毎日袋叩きに合い続けた私は、それなりに打たれ強くなっていたようだった。

また、完全に日本人から離れて英語だけの一週間は、英語研修の集中訓練コースに入ったようなもので、仕事とオートバイに関する話はかなり理解できるようになってもいた。

実は彼の元には、この七月末に代理店契約が切れるのを機会に、以後契約更新はしない旨の通知が日本からもう届いており、本当に彼の側から訴訟でもしない限り、契約切れになるはずだったのである。

この八日間でディーラー十七にフレズノの若夫婦を訪問したことになる。走行距離約千五百マイル（二千四百キロ）はほぼ青森～鹿児島間の距離になる。八日間の日課をならすならば、ディーラーとの面接四時間、報告書作りに三時間、運転五時間というところか。疲れ果て、食欲をなくし、そして見たのはトム以外は軒並みにＤかＥランクの店ばっかりだった。この時点で日本への報告書をまとめたならば、それは、「メーカーとして開業の目処なし。西部代理店は全然駄目だから、これに代わる他の代理店を選んで細々とやるべし」となったに違いない。

「明日からはこの辺をまわるんだが、さてどうなることか」

さすがの私も、暗い思いにふけらざるをえないのだった。

様変わりのロサンゼルス界隈

誇り高きディーラーたち

ロサンゼルス空港にほど近い「ビル・クラウス」の前を数回素通りした。

北カリフォルニアでの惨めな経験から、こんなにも立派な店にカワサキが置いてあるとは信じることができなかったからである。

ビルは、まず店内くまなく案内して見せてくれた。広いショールームにはホンダの全モデルがズラリと展示してある。カワサキも二台だけ隅っこに並んでいる。部品庫にはぎっしり部品が詰まっており、サービス工場では数名のメカニックが忙しげに立ち働いている。トムの店などとは懸けている金の桁が違う感じである。

やがて、社長室に招じ入れられると、女性がコーヒーを運んできた。それを勧めながら、彼は、「二時間だね?」と所要時間を確かめて腕時計を見た。私は、今回の旅で初めてビジネスの匂いをかいだ気がした。

彼は、まず自分を紹介した。自動車レースで金を溜め、本当は自動車ディーラーをやりたかったのだが、それには資金不足なのでホンダを始めたこと、二サイクルのバイクもほしかったが、ヤマハ、スズキはもうこの辺に店があって駄目だったこと、そこに西部代理店の勧めがあってカワサキを置いてみたこと——。

次いで、私の質問に、一々簡潔に答えた。ただ、財務面には一切触れず、「確かに今年は去年までみたいな対前年の販売増はないが、それでも利益を出している」とだけ答えた。

このレーサーあがりはなかなか頭がよく、まだ三十代半ばの若さで多くの従業員を率いてこれだけの店を経営しているのもうなずけるのだった。

カワサキについては、

「マシンはいい。乗ってみたし、主要部品をばらしてもみた。現在のモデルでも競争力は十分ある」と嬉しいことを言ってくれた。しかし、西部代理店に関しては、「私の年間売り上げは彼の五倍はある。そんな小さな代理店とは取引したくないね」と切って捨てた。

「君達メーカーが出てきて、アメリカンホンダ並みのバックアップをやってくれるなら、本腰入れるぜ」と約束してもくれた。新モデルについては、「二サイクルの速い奴」を要望した。四サイクルはホンダで十分だから、そう言うことになるのだろう。彼は、ホンダの四輪進出と共に、念願の自動車ディーラーともなって繁栄している。

「ロングビーチ・トライアンフ」のノームは、永年トライアンフに惚れ込んできただけに、「トライアンフ・ボンネビルこそ最高のモーターサイクルだ。これを勉強して、これを超えるものを作れ」と励ましてくれた。この忠告は、後に四サイクル車を考える際、大いに参考にさせてもらうことになる。

ここでは、ノームが全体をたばね、奥さんが経理、長男が販売、高校を卒業したばかりの次男が部品、と家族中心の経営だった。その次男は、眼を輝かせながら、

「ぼくたちはみんなモーターサイクルの中で育った。モーターサイクルを食い、モーターサイクルを飲み、モーターサイクルを呼吸して大きくなった。ぼくたちはモーターサイクルが大好きだ。モーターサイクル屋以外の人生は考えられない」

と語り、両親と兄とはそれをニコニコしながら頷いて聞いていた。

私は、「この市場は伸びるぞ！」と心強く感じた。つい一年前に日本のディーラーを歴訪した際、彼らの多くが、「オートバイ屋は駄目だ。息子には継がせたくない」と言うのを聞いて、「これじゃ見込みない」と痛感したのと逆の感じ方である。

サンディエゴ界隈

南に下ってメキシコ国境に近い軍港都市サンディエゴ、ここのディーラーはバッタ屋だった。手当たり次第に中古車を買い集め、手直しし、それを入港した海軍軍人たちに売ったり貸

したりしているのである。新車はカワサキだけ、すなわちホンダなどには全然相手にもされていない。彼は、「そっちが本気になれば、こっちも本気でやるぜ」と口約束し、また、「もしサンディエゴに他のディーラーを作るんなら、訴訟するぞ」とすごむのだが、これだけの大市場で本気でやるだけの資金力に疑問があるし、また、その人柄がどうも信頼できなかった。彼の評価は、久しぶりのEとなった。

その山手、ナショナル・シティでは、小さな店が、カワサキと、この後間もなくオートバイをやめることになるブリヂストンの看板を掲げていた。六十歳を超えた老人と二十歳そこその若者の二人でやっている。老人はシカゴで永年ハーレイダビッドソンを売り、引退する気で暖かいここへ来たのだが、若いゲイに勧められて、この店を始めた、という。

質問にはすべて老人が答えた。ただし、財務面については一切触れなかった。

「カワサキもブリヂストンも商品としては立派だ。だが、西部代理店は全然駄目」というのが結論だった。

応答が済むと、ゲイが、

「ヨクイラッシャイマシタ。ボクノナマエハゲイデス。オクサンハニホンジンデナマエハミツコデス」と、怪しげな日本語で自己紹介した。

その夜、ゲイとミツコの家ですきやきをよばれた。

二人はもともと大学の同級生だった。結婚し、彼女に通学を続けさせるためもあって、彼は退学して店を始めたのだそうな。それはいいのだが、彼は店のこともバイクのことも全然知らない。「機を見てあの店を自分のものにする」というのだが、これではどうにもならない。「あれ位の規模なら、販売はもとより、帳簿もサービスも全部自分でやらなければ駄目だ」と忠告しても、聞き入れようとしない。あまり頭がよくなくて、やる気にも疑問がある。

それに、ミツコは店にはまったく無関心だ。すきやきには感謝しつつ、この店の評価はDとせざるをえないのだった。

トムとの再会

ベーカースフィールドのトムから電話があった。

「所用でロサンゼルスへ行く。できれば会いたい」とのこと。

ガーデナ・アパートに迎えて、ロスの日本人街として有名なリトル・トウキョウは東京會舘の寿司カウンターへ案内した。実際に訪問するのは初めてだが、ここのことは安宅産業に何回も聞かされていた。昼食時とあってほぼ満員、寿司が健康食としてアメリカ社会に定着した今日と異なり、カウンターに座った「外人」はトムだけだった。私は久方ぶりの珍味に舌鼓打った次第だが、トムは、私が勧めるネタの正体をいちいち尋ね、疑い深そうな面もちで、それでも全部平らげていた。一段落したところで私のディーラー訪問報告に入ろうとしたのだが、どっこい周囲は日本人ビジネスマンだらけである。そんな話はどこからどう漏れて安宅や西部代理店に伝わるやも知れない。

ガーデナ・アパートへ帰って、あの粗末なソファで向かい合った。私はまず北カリフォルニアでの失望を語った。彼は、「だから事前にそう言っただろう」と笑った。

次に私は南での自信回復を述べた。

彼は、「確かに彼らは金を持っているし販売能力もある。だが、私にとってカワサキは主食のステーキだが、彼らにとってはサラダかデザートに過ぎない。本当に当てになるのは私のような専売店なんだよ」と言った。ともかくなんとか早いとこ事業を開始したい一念の私には、その意味がまだわからなかった。むしろ、開店してしばらく経ってから、そして十年後にドイツでまた始める際、この時の彼の言葉は痛切に思い出されるのである。

「で、結論は?」

「最初に君が言ったことに尽きる。アメリカ人が家族で楽しむために使う金は巨大だ。そしてこの市場は今後ますます大きくなる。その一部としてのオートバイ市場もグングン伸びる。昨年、今年の頭打ちは、日本メーカーの供給過剰から生じた一時的な現象に過ぎない」

「賛成」

「新しいディーラーを作る余地も大きい。まだまだ新規参入の余地はある」

「賛成」

「これも君が言ったことの繰り返しになるけど、ここで大きく成長するには二つの条件を満たさねばならない。第一に、メーカーたる我々自身が出てきて、販売方針を立て、サービス体制を確立し、君たちディーラーを援助すること」

「賛成」

「第二に、アメリカ向けの新商品を次々に出すこと」

「賛成。ところで君は、その新商品の具体案を持っているかい？　日本には全然なくて、このアメリカで今後大いに伸びるオフ・ロード車について知っているかい？」

「オハイオ州の森で乗ったことがある」

「ウッド・ライディングだね。カリフォルニアなどの西部には砂漠が多く、そこで遊ぶのが流行になりつつある。デザート・ライディングだ。森と砂漠では少し条件が違う。ぜひ一度経験することを勧める」

次の日曜日、ベーカースフィールド周辺のオートバイ・ディーラーとその家族たちが砂漠で一緒に乗って、バーベキューをやるのに誘われた。

その前日、土曜日の夜、ベーカースフィールドの、とあるレストランで、トム、その妻のスー、パートナーのチャーリーと夕食を共にした。トムは寿司を食った冒険談を誇らしげに語り、スーは、生の魚を食う「野蛮さ」に美しい眉をひそめるのだった。また、彼女は、私がタバコをふかし、ウイスキーをあおるのを心配そうに眺めた。ほぼ毎週末レースに出場するトムとチャーリーは、タバコも酒も一切やらないスポーツ青年だったからである。

翌朝、トムのピックアップ・トラックは、私と一緒に、カワサキ、ブルタコ各一台を積んで砂漠へと向かった。まず砂漠をカワサキで乗り回してみた。道路を走るクルマから眺めれば平坦だが、実際には凹凸もあり、所々に大きな穴があったりする。堅い、砂混じりの砂漠を走るのは結構大変で、トムについていこう、として数回ひっくり返り、その後はマイペースに徹することにした。

次は「ジャック・ラビット狩り」に挑戦した。ジャック・ラビットとは小さな黒いウサギで、長い耳を持っている。これを見付けたら、その後をどこまでも追い回し、相手が疲れ果てて動きを鈍らせたところで、その耳をヒョイと掴み上げそしてすぐ離してやる、これだけの遊びである。トムはたちまち一匹捕まえたが、私はまた何度か転倒を繰り返し、ウサギには逃げられっぱなしで、どうもウサギにからかわれている感じだった。

段々と仲間が増えてきた。今日はディーラー連中が多い。だが当時の砂漠は公開されていて、誰でも無料で乗ることができたので、一般の人々も多かった。女性、子供も多く、これがアメリカ家族の遊びになっている点に私は注目した。日本ではついに男だけの道楽だったオートバイが、ここではどうやら家族の楽しみになりつつあるのだ。

ヒル・クライムというのもやってみた。これは文字通り岡に駆け上がるタイムを競うものだが、ちゃんとルールがあり、レースになっている。熱心な人はこれ専用に車を改造しており、例えば、ガソリンは岡を登り切る分だけあればいいのだから、燃料タンクはそれだけの量を入れる細い筒にしている。

いろいろ試みたが、カワサキよりブルタコのほうが断然乗りやすい。後者のほうが遙かに軽くて、その分だけ扱いやすいのである。車体の背骨をなすフレームが、カワサキは当時の日本車がすべてそうしていたように鉄板を溶接しているのに対して、ブルタコは細いパイプを使っているからである。それに、緩衝装置（サスペンション）などにもいろいろと工夫をこらしているようだった。それまでの私たちは、エンジン、そのパワーのみを問題にしがちだったが、このオフ・ロード市場へ進出するには、むしろ車体面をやり直す必要がある、と痛感した。

昼食は、砂漠の中にもうけられたバーベキュー広場で、肉、野菜を焼いて食べた。男性たちが調理に当たって、ベンチに鎮座まします女性群にお届けする光景は、当時の私にはまだ目新しいもので、「これがレディ・ファーストか」と印象深かった。

男たちはそれぞれ皮の袋を持ち、中にワインが入っている。「一杯やんなよ」といった調子でそれを勧め、相手はそれを受けて、袋を口から離して両手で押し、ワインを口に注ぎ込む。ほとんどの人々が日本のオートバイで食っているのだが、こんな所まで日本人が出てくるのは珍しいそうで、盛んに皮袋を勧められた。

トムに感想を求められて、車体面改良の必要を述べると、彼は、

「サム、よくぞわかってくれた。日本のメーカーは、まだどこもこの市場に気が付いていない。それだけに新参者のカワサキにチャンスがある。君の言うとおり焦点は車体だ。早いところ製品化することだ」よほど嬉しかったのか、私の肩をドンと叩いた。

カワサキ、という新しいブランドを始めたばかりのトムは、いわばディーラー仲間のニュートラル・コーナーの立場で、この日の世話役を勤めており、結構忙しそうだ。

彼とディーラーたちに別れを告げて、ワインで上機嫌の私は、夕刻、ガーデナへ向かってフリーウェイをドライブした。カリフォルニア州もまだ酔っぱらい運転にきわめて寛大なよき時代だった。

サム、売り出す！

「お粗末ですが」の対極

七月末、予定どおりにディーラー訪問を終わり、さて、ガーデナ・アパートに落ち着いて報告書をまとめるか、となった。ところが、変な男がカワサキ代表と称して出没していることは業界の話題になったようで、アパートへの電話が激増した。すべて売り込みである。

カワサキでメカニックとして働きたい人々。オートバイ好きにとって、ディーラーではなく日本のメーカーで働くのは一つの夢なのだろう。

カワサキのマシンでレースをやりたい人々。ホンダ以下のＧＰレース制覇で、日本のマシンの優秀さは世界が認めるところとなり、まだＧＰの実績がないカワサキにも関心が高いようだった。

セールスマン志望者も多かった。

ただ、さすがに経営者、マネジャークラスは来なかった。彼らは誇り高いから、まだ会社を始めるかどうかもわからないブランドの、正体不明の「代表」などと話す気はなかったのだろう。

私は全員と会うように努めた。他の場所はないのだから、全員、ガーデナ・アパートに呼んだ。もともとお粗末なアパートは、入居後一カ月近く全然掃除をしないまま、かなり汚くもなっていた。それでも彼らは、「いい部屋だね」とお世辞を言い、そして居心地悪そうにソファに腰を下ろすのだった。驚いたことに、彼らすべてが、自分を、カリフォルニアはもとより全米でもトップクラスのタレントとして堂々と売り込んでくる。

人に物を贈るにも、「お粗末ですが」とへりくだる風習の国から来たばかりの私は、「なるほど、これがアメリカなんだ」と納得した次第だった。

開業するかどうか未定であることを断り、安宅や西部代理店に漏れても差し支えないよう、慎重に言葉を選んで対応した。私にしてみれば、アメリカを勉強するつもりの応対で、事実、この時面接した中から採用した者は一人もいない。

ディーラーの売り込みも盛んだった。たとえば、先に学生夫婦と会ったフレズノからは、ヤマハ・ディーラーが、「是非やりたい」と申し出てきた。だが、私はすでにディーラー中心に若干の人脈を築いており、その数名に問い合わせた結果、彼はアル中気味のご老体で、ヤマハからくびになりかかっていることがわかった。

「急ぐことはない」と放っておくうち、同じフレズノの、「ウィルソンのトライアンフ」から電話があった。かなり親しくなっているロングビーチ・トライアンフのノームに聞いたら、この寡黙で人のことには触れたがらない男が、

「ウィルソンのことは先代からよく知っている。今は息子たち、ダグと弟で経営しているが、二人ともしっかりしている。日本車は売っておらず、だからトライアンフとカワサキの併売となり、これはもっとも望ましいブランド構成だ」とべたほめである。

フレズノの夜

そこで、再びフリーウェイ5番から99番を北上することにした。

店はフレズノの中心街にあり、トライアンフ一色だが、ショールーム、工場、部品庫、とすべて老舗らしい立派さである。トライアンフだけで頑張ってきたのだが、日本車なしの経営は段々苦しくなり、他方、ホンダ以下の日本勢は、フレズノですでにディーラーを展開済みでフランチャイズを取れないので、新参のカワサキに向かって手を上げたのである。

いささか利口になった私は、新規加入希望のディーラーには、財務状況開示を義務づけていたのだが、その財務内容もしっかりしており、総合評価はAである。学生夫婦やアル中おやじにこのフレズノを安売りしなくてよかった、と思った。

その夜はフレズノに泊まって、ダグ夫妻を夕食に招待することにした。

「妻をピックアップするから、ちょっと家に寄ってほしい」と言う。

それは、日本なら大豪邸の部類だが、この辺では中流に属する。

ダグ夫妻と三人、応接間でコーヒーを飲んでいると、いきなりドアが開いて、小学生位の男の子が二人、なだれ込んできた。ダグが叱ると、「このチャイナマンの写真を撮るんだ」と言い、事実カメラを手にしている。ダグは笑いながら二人を追い払った。

この経験、その時はなんとも思わなかったのだが、後でアメリカ事情がわかってみると、実はなかなか大変なことなのだった。

アメリカの家庭では、お客があると、小さい子供たちに至るまで、いちいち紹介して握手させる習慣である。しかし、ここで男の子たちを紹介されることはないままだった。また、十九世紀末から、このあたりに鉄道を敷設した際、その重労働に従事すべく多くの中国人労働者が入った。そのせいか中国がらみの地名も多い。「チャイナマン」という言い方もその名残だろう。ダグは、私がチャイナマンではないことを説明することもしなかった。

ダグ夫妻は、まことに平均的なアメリカ人で、特に人種偏見はなさそうだ。日本のオートバイを扱いたがっている。それでも、一九六六年のこの頃、ちっぽけな東洋人の私を一人前の客としては見ていない面があったのだろう。

夕食後、車で町を案内してくれた。

そのうち、「あんな所を見せちゃ駄目。フレズノの恥よ」と奥さんが抗議している。面白そうだから、「ダグ、興味あるぜ」と声をかけると、「オーケー」とばかりそちらへハンドルをきってくれた。大きな通りの両側に、女性たちが立ちんぼしている。

なんと彼女らはストリート・ガールなのである。

「アメリカにストリート・ガールとはねえ」と私。

「本当に恥ずかしい人たちよ」と奥さん。

こんな田舎の清潔な町にストリート・ガール。アメリカの一つの裏面を見た思いだった。

オートバイ談義

ガーデナ近郊のアスコットでは、毎週金曜日の夜、オートバイ・レースが行なわれていた。右方向にクルクル回るだけのもの、左右ターンにジャンプがからむもの、の二通り、いずれも単純といえば単純だが、大変な人気で、毎週超満員だった。

やがて私は、ピット・パスを手に入れて、ピットに出入りするようになった。ここではロサンゼルス界隈のオートバイ関係者の多くに会うことができた。また、レーサーやメカニックの溜まり場たる一九四クラブにも顔を出した。アスコットのすぐ近く、一九四通りにあるそれは、一種のビアホールで、その夜勝ったレーサーは賞金の小切手を見せびらかしながら上機嫌で、負けた連中はやけくそで、ビールをあほるのだった。殴り合いの喧嘩もしゅっちゅう見られた。日本のメーカーの人間でこんな所まで付き合う酔狂者は他にいなかったから、「サム」はなかなかの人気だった。

ある夜、彼らと、市販車で一番速いのは何か、の議論になった。私が、「スズキのX6だ。そのうちカワサキがもっと早い250ccを出す」と言うと、彼らは異口同音に、ハーレイダビッドソンやトライアンフのほうが速い、と頑張る。私にしてみれば不可解な議論だった。日本のテストコースで散々試乗している。スズキが一番速いし、今度持ってくるカワサキのサムライはもっと速くしている。ハーレイ以下の古いマシンなど全然勝負にならない。議論は平行線を辿って、やがて彼らは、翌日の夜、一緒にハリウッドへ行こう、と誘った。

「ハリウッド？　なんのために？」

「行けばわかるさ」

翌日、土曜日の夜、我々はハリウッドのサンセットブルバードに勢揃いした。赤信号の前に、轟音をたてながら次々にオートバイが走ってきて並ぶ。信号が青に変わるや、一斉に発進する。そして次に赤信号に引っかかるまでひたすらすっ飛ばす。

場所を何回も変えて観察したのだが、要は赤信号から赤信号までの市中レースなのである。

「なにが速いか、ここで決まるのさ」

確かにここで幅を利かせているのは、ハーレイやイギリスの大型車で、日本車の影は薄い。なるほど、と私は納得した。これは停止状態からスタートするいわゆるゼロヨン加速の競争だ。我々は、速い、とは最高速のことと信じて、最高速が速い車を作ってきたのだが、次の赤信号までの距離が短いから、最高速に達する以前に勝負はついてしまう。

よし、加速のいい車を持ってこよう！　エンジンとしては二サイクルのほうが有利で、その気になれば、あんな古くさいアメリカやイギリスの車よりも、遙かに「速い」のができるはずだ。その後、怪しげなゴーゴーバーに繰り込んでビールを飲んだのだが、その夜のビール代は全部私が払った。月謝としては安いものである。

八月になって、私はガーデナ・アパートに閉じ籠もり、人と会うのも避けて、ひたすら報告書作成に専念した。進出の余地は充分あることを強調し、サービス面の充実と新製品の必要性を述べた。新製品に関しては、ベーカースフィールドで学んだオフロード車と、サンセット・ブルバードで目覚めた「速い」車のアイデアを明記しておいた。そして、訪問した全ディーラーの報告書を添付して、浜脇さん宛てに送ったのだった。

ちなみに、明石工場の反応は見事だった。オフロード車はエンジン開発の必要がないから、二年たらずで商品化してくれた。「速い」車は、二サイクル三気筒500ccという常識外の車、H1、愛称マッハⅢとして結実した。三年かそこらで、当時としては破格の短期間内にまとめられ、カワサキの看板商品になったのだった。いずれも、日本他社に対して先鞭を付け、我々の市場開拓を支えることになるのである。

「アメリカでモノにならなければカワサキの明日はない」の思いが工場の全員に浸透していたからこそ可能だったのだろう。

京都スキヤキをめぐって

ビル一家

それは、アパートに近いウェスタン通りにあった。

スキヤキ、テンプラなど、外人向けの日本料理が主体で値段もいささかお高いが、年輩の日本女性群が控えており、日本語で相手してくれた。だから、どうにも日本語をしゃべりたくて口がムズムズするようなとき、よく出かけたものだ。

ある土曜日の夜、バーをのぞくと、大きな男がスズキのTシャツ姿でビールを飲んでいる。なんとなくその隣に座り、なんとなく話し始めた。名前はビル、空軍のメカニックとして日本各地に駐在したことがある。帰国後、時々ここに来てはキリンビールを飲み、着物姿の女性たちを眺めて日本を偲ぶ。

「食事はよそでする。ここはタカイからね」

オートバイ好きで、ベロセッティという古いイギリス車に乗っている。

「家に来ないか？　似たような連中が三人いる」

彼のベロセッティの後ろからコルベアで従うこと数分、それはリドンドビーチの海辺に近い大きな古い家だった。ビルの呼び声に答えてゾロゾロと出てきた三人の男たちは、いずれも片言の日本語をしゃべる。みんな軍人として日本占領に従事した連中である。

庭でバーベキューが始まり、盛んにビールを飲んだ。彼らは全員日本が好きでしょうがない。どうやらパンパンガールとの付き合いだけではなくて、日本の普通の家庭に出入りして、そのよさを知ったようである。オートバイも大好きで、それぞれ日本車を持っている。

その点、ビルだけは、

「日本はいいけど、ホンダ、ヤマハはバイクであってモーターサイクルとは言えない。日本ではやむを得ずヤマハに乗ったけど、ここでは本物があるのだから乗らない」

と頑固に頑張っている。私は彼らが好きな日本人で、また彼らが好きなオートバイに詳しいから、たちまち仲間入りを果たすことができた。その晩、早速泊めてもらい、ほぼ毎週、土曜日に泊まって日曜の夕食まで共にする習慣となった。土曜、日曜はディーラーたちの書き入れ時で、訪問しても相手にされないから、私としてはこんな過ごし方を選んだのである。家族も友人もいないだけに、こちらに人恋しい面があり、すぐ親しくなれたのだろう。

彼らはみんな兵隊上がりだから、その会話は兵隊のスラングだらけである。最初のうちはわからなかったが、もともとスラングに興味があったので、その都度問いただした。向こうは面白がって丁寧に教えてくれた。だから、しばらくすると、日本の学校英語ではまず教えないすさまじいスラングの数々をマスターすることができたのだった。

セックスと排泄に関する表現に満ち満ちたそれらは、柄の悪いこと無類で、また底抜けの明るいユーモアに溢れている。当時のアメリカはまだ徴兵制度に支えられた国民皆兵制だったから、男同士の会話では兵隊スラングが盛んに使われた。ビル一家は、それを私に教えてくれる強化合宿の役を果たしてくれたことになる。私は、後に、「アメリカ人以上にアメリカを理解する」など言われることもあったが、その一因は、かようにスラング混じりの話をそのまま理解できることだったのだろう。

ある週末、彼らとラスベガスへ行くことになった。金曜日の夜、京都スキヤキの駐車場に集合して、五人が一台の自動車で出発した。果てしない砂漠の中を夜通し走るわけだが、その車中も、私にとってはスラング習得の貴重な、そして興味深い一時《ひととき》だった。

やがて、向こうの空が明るく見えた。ラスベガスである。何もない砂漠のど真ん中に、マフィアの親方衆が力を合わせて作り上げた、とされる由来がよくわかるのだった。

町中へ入ることなく、その周辺のモーテルを何軒かひやかして値段交渉をした挙げ句、その一つにチェックインし、二部屋に別れて一眠りした。昨今の日本人団体客ならば、空港からバスかリムジンでいわゆるストリップの中の豪華ホテルへ乗り付ける、という寸法だろう。私のラスベガス登場は、ビルたちのお陰でこんなものになったのである。

昼過ぎに目を覚まして、まずプールで一騒ぎした。朝、昼を兼ねたブランチをとり、後はちょっとだけバクチに手を出したりして遊んだ。みんな金がないから、張り方も可愛いものである。日本では、豊富な小遣い銭で相当いい目をしたこともある彼らだが、今では貧しい工員暮らし、万事につつましいことで、月曜朝からの勤務に備えて、日曜の夜、京都スキヤキに帰り着いたのだった。

一九八〇年代、ＢＭＷに転職した私は日本に落ち着いていたのだが、その私宅に、毎年、ビルとその妻サリーからクリスマス・カードが来るようになった。ビルは金箔付きの筆無精だが、サリーは、毎年、手書きの手紙で、二人の生活をくわしく描写してくれる。

「どんな女性だろう？」

ビルは、「結婚するなら日本のオジョーサンだ。アメリカの女は、あれは女ではない」といつも言っていたから、首尾よくオジョーサンにありついたかな、と思ったが、そんなこと、手紙で問い合わせるわけにはいかない。

一九九〇年代に入って、ロサンゼルスに滞在することがあり、ビルに電話してみた。「サムですが」と断ると、「ハーイ、サム」、サリーが出てきた。それは、明らかにアメリカで生まれ、育った人の英語だった。ビルがうまく日系人に巡り会ったとしても、それは三世か四世なのだろう、と思った。

歳月はさらに巡って一九九九年、家族と一緒に、アリゾナ州の娘宅からカリフォルニアへドライブした際、私たちはリッヂクレストに引退しているビルたちを訪ねた。

初対面のサリーは、ビルより年上で、もう七十歳代の白人だった。ビルは、涙を流して喜んでくれた。二人とのクリスマス・カードの交換は今も続いている。

開業に向かって

最大の発行部数を誇っていたオートバイ雑誌「サイクルワールド」誌の社長と編集長を招いたのも京都スキヤキだった。サムライのテスト・レポートを書いてもらうについての打ち合わせである。何回も日本を訪れている彼らは、刺身、テンプラを喜んでくれた。

秋に発売する250ccサムライのテストをやるのは、彼らとしても望むところで、ただ、「最初のテストはサイクルワールドだけとすること。もし他の雑誌が、それよりも先に掲載するのなら一切やらない」と、この点は頑固だった。私は承諾し、やがてテスト用のマシンが空輸されてきた。私は、ロサンゼルス空港で受け取って、借りたトラックに積み込み、ロングビーチ・トライアンフに持ち込んだ。ノームとそのメカニックたちは、技術部の指示書どおりにそれを組み立てて、当時ロングビーチにあったサイクルワールド社に届けてくれた。会社も従業員もないのだから、かように頼りになる友人の友情に頼るしかなかったのである。

サムライ・テストは、ちょうど我々がカリフォルニアで開業するその年十一月発売の同誌に掲載され、「サムライは一番速い250ccだ」とくわしいデータを掲げて証明してくれたのだった。

八月中旬、浜脇さんからの電話は、カリフォルニアでの完成車販売開始を告げた。

「実に見事な報告書で、一同感服している。そのせいもあって、常務会の承認が下りた。

十一月一日営業開始に向かって準備を進めてほしい」

やった！　と思った。まずモーターサイクル・ディーラー・ニュース社に電話して、ディズニーランド・ホテルでのショーに出品する旨伝え、また明石工場に手紙を書いて、ショー用に全モデルを空輸するよう頼んだ。今と違って電子メールもファックスもなく、日本との連絡にはテレタイプが使われていたが、私のアパートにはそれもなかったのである。

開業となれば、何はともあれ、まず社屋を確保しなければならない。必要面積など、すでにシミュレート済みだ。だが、当時の日本の不動産屋は、ちょっと口をきくだけでも法外な料金を要求する例が多かった。私としては、金はないのだし、ご当地アメリカの事情に暗いままでは迂闊《うかつ》に動けない。ま、ともかく開業決定を祝って一杯やるべく、近所のバーに出かけてビールを傾けた。

隣の男が、しばらく様子をうかがっていたようだが、やがて話しかけてきた。

「日本人かい？　私はＧＩで日本に三年いた」
二、三応対の後、「家を買う気はないかね」
「君は不動産屋かい？」

「そうだ」

しめた、とばかり、いろいろ尋ねるうち、アメリカでは、不動産取引で、手数料はすべて売り手、貸し手が負担し、買い手、借り手は一切負担しないことがわかった。

私が、ほしい物件を言うと、彼は、

「自分は住宅しか手掛けない。だが、そんな産業用物件をやる業者も多い」

と、電話帳のイエローページを見るよう勧めた。

アパートに帰って、ベーカースフィールドのトムに電話した。開業決定を伝えると、喜んでくれた。次いで、不動産取引の慣行を尋ねると、バーで男が言ったとおり、借り手、買い手は一切手数料など要求されないことを確認してくれた。

私は、ただちにイエローページに当たり、産業用不動産を手掛けているらしい数社に電話した。こちらの条件を言い、「興味があるなら、明日朝十時、アパートへ来ること」と伝えた。さすがにこの頃になると、私の英語もかなり通用するようになっていたのだろう。

翌日やって来た十社近い業者は、掃除なしでもう汚れ方すさまじいソファーや絨毯に腰を下ろして私の説明を聞いた。私は、条件をタイプした紙を渡し、「一週間後、具体的な物件を持参すること」と言った。

その一週間後、各人の提案は、やはりプレゼンテーションの国で、私宛のメモ形式できれいにタイプアップされており、私は一瞬感激した。だが中身を見ると、どだい小さな物件であんまりもうからないものだけに、手持ちの物件をいい加減に羅列しただけのものが多く、実地に検分すべきは数件しかなかった。これらのものを検分して、最終的に三件に絞り、やがて東京から飛んできた浜脇さんは、その中の一つ、私が第一候補としていたガーデナのものを選んだのだった。

ディズニーランド・ホテルショー用の車数台も空輸された。

ショーは三日間連続、夜だけ催された。

各社のブースでは、派手なブレザーなどを着込んだセールスマンたちと華やかな女性群が張り切って応対していた。だが、カワサキではサム一人だけだった。それでも、カリフォルニア初登場の650cc車にサムライ、それに工場外初公開のレーサーまで揃えていたから、クルマが人を呼ぶことになり、カワサキのブースは一番賑やかだった。

一人だけで、連夜、押し寄せる人々と応対し、資料を渡し、質問に答えて、私は大変だった。

ディーラーたちは、二年続きのオートバイ不況から抜け出す鍵を、新しいカワサキに求めているようで、本当に熱心に見てくれ、質問してくれた。

数年後に、テキサスやニューイングランドなどあちこちのディーラーから、思いもかけず、「ディズニーランド・ホテルで一人で頑張ってたのは君だったな。あのショーでカワサキをやる決心を付けたんだ」と言われて、嬉しい思いをすることにもなるのである。

最終日、トムとチャーリーとが、カワサキの出品車すべてを、ベーカースフィールドへ持ち去った。カリフォルニアに一台しかない、というこれらのクルマの行方は注目の的だったし、一方、彼ら二人はロサンゼルスの業界ではまだまったく無名だったから、「あれは一体何者だ」とやかましいことだった。

開業が決まり、唯一のカワサキ専門店としてディーラーになるのが間違いないベーカースフィールド・モーターサイクル、それが飾る商品もなく苦しんでいるのだから、彼らを助けるのは、私としては当然のことだった。トムは、この後間もなくチャーリーを追い出して、最初のカワサキ・ディーラーの一つとなり、フレズノのダグと協力しながら、約束どおりに年間三百台以上の販売を続けることになる。

これから約十年後、欧州市場開拓を始めた私は、イギリスやドイツの開拓要員を次々に、数カ月間ずつ、彼の下へ送り込んだ。ディーラーの目線からオートバイビジネスを理解させるための訓練基地である。トムとサムとの信頼関係あればこそ、のユニークな、そしてきわめて効果的な訓練方法だった。

一九九九年、アリゾナからのドライブで、ビルたちを訪問した後、ベーカースフィールドにも立ち寄って、トム、スー、それに子供たちと家族ぐるみの夕食と話を楽しんだ。

クリスマス・カードの交換は今も続いている。最近のものは、彼が、フレズノのダグと二人でデザート・ライディングを楽しんだことを伝えていた。ドライとされるアメリカ・ビジネスでも、こんなに長続きする友情が生まれ育つことだってあるのである。

サイクルランド事件

サイクルランドの二人組がガーデナ・アパートを訪問したのは、浜脇さんの電話から間もない八月末のことだった。

二人ともきついテキサス訛りで、是非、彼らの店を見るようまくし立てる。それは、ロサンゼルス郊外の高速道路に面してその出口に近く、まず場所としては申し分なかった。三〇〇台を越える新車が店の内外を埋め尽くし、その中央にはミッキーマウスなどのディズニーキャラクターを並べ、その周囲にヘルメット、革ジャンなどの洋品類を陳列していた。それまで日本でもアメリカでも見たこともない華麗なショールームである。

「オートバイ屋のイメージを変えるんだ。誰でも気楽に入れる雰囲気、どんなお客でも満足させられる豊富な在庫、完全なアフターサービス、それに、知っているだろうが、うちは自動車ディーラー同様、テレビ広告をやっている」

確かに、そのテレビ広告はディーラー間でも話題になっていた。ただ、気がかりな点もいくつかあった。第一に、修理工場がまだ建築中で、部品庫がショールームの割には小さいこと。これについては、「売り始めたばかりで、まだ修理のお客はいない。段々拡充すればいいのさ」と弁解していた。日本車はスズキとブリヂストンだけ、欧州車もトライアンフなどの名門車はなく、私にも馴染みのないイタリア製の数ブランド。

これについても、

「ホンダ、ヤマハは馬鹿なのさ。この辺にもうディーラーがある、ということで売らしてくれないんだが、我々なら彼らの十倍も売るのに」

二人は、カタログなどで研究して、カワサキを高く評価していた。

これだけの店を維持し発展させるには、商品の品揃えが肝心だが、その点、カワサキは８５

cc の小型車から650cc の重量車まで持っており、また、「一番速い250cc」はもう公然の秘密だったからである。

二人は、ディズニーランド・ホテルに何回も来た。実物を見て、一段とやる気がつのった風で、「全部、現金で買い取りたい」と提案してきた。だが、これはトムとの約束を理由に断った。

そのうち、再度ガーデナ・アパートを訪れた彼らは、

「カワサキが開業するのはもう決定済みだね。それならサイクルランドがその西海岸最大のディーラーになるのも決まったようなもんだ。サイクルランドはカワサキ主体に事業展開する。カワサキ二千台、その他一千台の計三千台が初年度計画だ」とぶち上げた。トムの三百台に目尻を下げている私にとって、これはとんでもない台数であった。

「ついてはカワサキのテレビ広告を始めたい。今準備にかかれば十月早々から放映できる。十一月からの営業開始を控えて、ちょうどいいタイミングじゃないか」

その撮影用に、トムが保管する車を、三日間だけ貸せ、というのである。私は、悪くない話だ、と思った。嫌がるトムを電話で強引に説き伏せた。

トムはいろいろ抵抗したが、その一つは、「サイクルランドの正体についてよくない噂が業界にある」ということだった。物堅いトムはその噂の中身も出所も明かさないままだったのだが。

西部代理店からなんの反応もないことを確かめて、私は業界紙に、カリフォルニア州各地で

ディーラー募集、の広告を打った。十月からは、サイクルランドのテレビ広告が大ロサンゼルスに流れた。オートバイディーラーのテレビ広告はまだ珍しかった当時、それは開業への景気づけとして大いに役立ったのだった。

かくて開業。

私がAランクを付けたディーラーたちが次々に事務所に呼ばれた。「最終話」で紹介することになるゼネラルマネジャーのアランが、私の報告書を読みながら入念な面接を行なった。合意に達すればその場で両者が契約書にサインし、ディーラーは看板や部品キットを受け取り、また小切手と引き替えに出荷指示書を貰い、それを示してロングビーチの倉庫でオートバイをトラックに積み込んで店に持ち帰り、ただちに販売を始めたのだった。

トムがその最初の一人だったことは言うまでもない。

かように、カワサキのカリフォルニア販売開始はきわめてスムースで、開店後一週間にして主要市場にディーラー網を築くことができた。だが、かように安易なスタートは問題を残しもした。ディーラーの多くはホンダなどを主体とする併売店であって、カワサキはあくまでも二の次に過ぎなかったのである。だから、カリフォルニアでの占拠率は、きわめて速やかにそれまでの七%から一〇%に、そして一五%にまで上がったが、私がアメリカにいた六九年までの間、それ以上になることはなかった。併売店の限界であり、ここでもトムは正しかったのである。後にアメリカ東部や欧州で、私が専売店にこだわることになるのはこの理由による。

なお、サイクルランドは間もなく倒産した。そのアイデアはよかったのだが、需要が冷え込んでいる中で、十分な資金を持たずに始めたのがまずかったのである。他社はそれぞれ相当の貸し倒れをくらったようだが、カワサキは、私が現金取引一本槍にこだわった結果、売り掛け皆無、逆に、宣伝援助として支払うべき債務を抱えていた。倒産とあってそれは結局払わなかったし、テレビ広告はやってくれたし、考えてみれば、サイクルランドは、カワサキのアメリカでのスタートを支援してくれた隠れた恩人、と申すべきか。

東京銀行が、恐らくはスズキやブリヂストンを見てだろう、

「お宅の損はいくらですか？」と尋ねてきたので、

「損はなく、これだけ払うべきものが残っています」と答えたら、

「新規参入のくせ、がめついことですなあ」と舌を巻いていた。

かようにして、予定どおりに十一月から会社がスタートし、浜脇社長以下の陣容が整い、アラン以下アメリカ人の要員も次々に揃って、かくて私のひとりぼっちは終わりを告げたのだった。

日本からもボスの浜脇さんからも遠く離れ、ほとんどすべての決断を一人きりでやらざるを得なかったこの「カリフォルニアひとりぼっち」は、三十歳になったばかりの私にとって本当にいい経験だった。

私は、仕事とは自分で、自分の頭と足とを使ってやるものだ、ということを、このカリフォルニアの地で、「第三話」の明石にもまして身に付けたのである。

第五話　ドイツで地獄を見た

花道から華々しく登場！

Ｚ１の成功

私は、一九六九年末、ちょうど四年間のアメリカ暮らしを終えて帰国した。その間にカワサキは、アメリカの地で、「第四話」で述べたオフロード車、加速の速い車などをつるべ打ちして販売網を確立し、スズキを抜いてホンダ、ヤマハに次ぐ業界三位の地位を確保していた。日本市場の負け犬がアメリカで勝ち犬へと生まれ変わったのである。

日本側では、一九六九年四月、我々の川崎航空機工業を含む川崎系三社が合併して川崎重工業（株）となっていたのだが、オートバイはこの新川重の中でも一事業部門として認知されていた。そのカワサキ・オートバイをアメリカの地でスタートさせ成功させた我々数名は、従業員最高の名誉とされる「社長表彰」を受けた。

私はアメリカでの前半、「第四話」のような、かっこよく言えば新規事業開拓、より正確にはでっち上げ屋、として、アメリカ各地に会社と販売網の展開を図って歩いたのだが、後半は、新しいオートバイのアイデア作り、いわゆる製品企画に一点集中していた。

ここで成功するには、この市場向けの商品を持ってくることこそ決め手、と考えてのことである。その中心がZ１（ゼットワン、アメリカではZをズィーと発音するからズィーワン）として商品化されることになる大型四サイクル車だった。

アメリカの自動車は全部四サイクル・エンジンだ。アメリカ人に広く受け入れてもらうには、商品群を一つずつ四サイクルに転換していくしかない。また、次第に厳しくなるその排ガス規制をクリアするにも、二サイクルでは駄目だ。

だが、それはまったくの新エンジン開発を中心に開発、生産両面での大投資を必要とした。

この四サイクル化の最初のモデルがＺ１で、ホンダが独占している四サイクル市場へ打って出るには、ホンダとはまったく異なる商品でなければならなかった。かくて、それはカワサキの命運を賭けた大プロジェクトとなった。

私は、アメリカでの市場調査でそのアイデアをまとめ、それを抱いて開発陣が待つ明石工場へと帰り、事務系のくせに、技術屋さんたちの本丸たる技術部に入って、商品化推進に当たったのだった。この間のいきさつは、拙著「Ｚ１開発物語」(ライダースクラブ社、一九九〇年)などに詳しい。

一九七三年発売のＺ１は大成功だった。発売後四年目、供給不足が解消した一九七七年、世界四大市場におけるその販売台数と１０００ccクラスにおける占拠率は左のとおりである。

アメリカ	三三・〇％	三一、二三一台
西ドイツ	二四・九％	二、五五〇台
イギリス	二八・八％	一、二九二台
フランス	三一・〇％	一、七〇三台
	計	三六、七七六台

ＢＭＷの祖国ドイツ、トライアンフ、ＢＳＡなどがまだ健在だったイギリスにおいてすら約二五％、あるいはそれ以上を占め、それはまさに大型バイクの王者だった。

日本では、上限７５０ccまでしか販売しない、とするメーカー申し合わせの関係で、ナナハンのＺ２（ゼッツー）としたのだが、これも未曾有の大ヒットとなった。

末端価格百万円を超える車がこれだけ売れれば、メーカーもディーラーも大いに儲かる。川重は、オートバイが収益性の高い事業であることを、初めて得心したのだった。

かくて、Ｚ１開発陣は社長表彰を受け、私は再びその栄誉に輝いた。同じ人間が、しかもごく短い期間中に二度も社長表彰にあずかる例は少なく、私は、サラリーマンとして、きわめて順調なコースを歩いているようだった。

Ｚ１発売の一九七三年、私は三十八歳、会社での位はまだ労働組合に属する係長に過ぎなかった。だが、明石のオートバイ部門では、アメリカ開拓の功労者、Ｚ１製品化のまとめ役として、私は本当に飛ぶ鳥を落とす勢いだった。みんなが私に一目置き、役員たちも私には「タネサン」とさん付けだった。

欧州班、勢いに乗って

その勢いに乗る形で、私は「欧州班」を発足させた。

アメリカと欧州とは、大西洋を隔てただけの、呼べば答える近さである。にもかかわらず、アメリカでは我々の作った会社KMCが躍進を続けているのに対して、欧州では、七年前のアメリカ同様、商社が各国を分け取りし、代理店が各国で勝手に商売していた。社内では、輸出部の中の一つの課が欧州向け輸出を担当している。

私は、オートバイ部門の最高責任者たる事業部長に直談判《じかだんぱん》して、欧州を輸出部から分捕ることに成功した。その受け皿として、まだ係長に過ぎない私が「課」を作るわけにはいかないから、「欧州班」を発足させた。そこには、社内の各部門で持て余されている問題児たちが集まってきた。この問題児諸君に、海外要員として、当時の大メーカーでは珍しく中途採用した連中も加えた十名足らずの部下を率いて、私は、まずイギリス、ドイツで、アメリカと同じ直販会社を発足させることを提案した。事業部長は、それを常務会などの社内機関で通し、また、商権確保にこだわる商社を押さえ込むのに働いてくれた。

かくて、一九七五年から七六年にかけて、第一次石油危機の余波が続き、川重の中ではすべての投資案件が引っ込んでいる中で、イギリス、ドイツに相次いで直販会社が生まれることになった。そして、そこでの要員たちは、ベーカースフィールドのトムの下《もと》で特訓を受けた上で、任地へ赴いたのだった。

かように、課長でもない一係長が一つの部門を作ることも、その部門が他の部門の担当市場を分捕るのも、会社ぐるみでしがみついている総合商社の商権をなんの補償もなしに奪い取るのも、川重のような大企業の組織の中ではきわめて異例のことであった。この間の事情は他の本で述べているので詳述しない（『外資系の強さを日本企業で生かす82のポイント』、第二海援隊、一九九九年、第三章）。

要するに、その実績に裏打ちされた私の勢いと、事業部長の全面的なバックアップがあって、初めて実現したことである。それを拍手してくれる人々も多かったが、反面、欧州市場を分捕られた輸出部をはじめとして、私の出過ぎた振る舞いを苦々しく思っていた面々も少なくなかったに違いないのである。しかし、勢いに乗る私は、そんな面々への配慮などまったくないままだった。

実は、「欧州班」をやりながら、私自身はもう一つ、ブラジル・プロジェクトに深く入れ込んでいた。段々と円が高くなり、明石で生産して輸出していたのでは採算が取れなくなるのは目に見えている。カワサキは、日本国内販売の比重が軽く、アメリカ中心であり、今後は欧州の比率も高まるはずだ。それをむしろ強みにして、これら市場に近いところでオートバイを生産し、そこから輸出したらいいではないか。

Z1の開発が終わって量産段階へ移行した七二年から、欧州班の母胎となる小人数を率いて、私の調査が始まった。そしてブラジルに白羽の矢を立て、毎年かなりの期間、現地でのフィージビリティ調査に当たっていた。ブラジル向けの輸出はまだなかったから、これは社内での軋轢を生むこともなかった。

第一段階・日本から輸入して、サンパウロとリオデジャネイロで小売りを行ない、資金を貯める。

第二段階・ブラジルの他地域にも販売網を作る。

第三段階・主要部品輸入、一部現地調達によるノック・ダウン生産を行ない、ブラジル国内に供給。

第四段階・ブラジルからアメリカへ輸出開始。

第五段階・欧州、日本など全世界に輸出。

と五段階、十年がかりの大構想で、私自身ブラジルに惚れ込み、家族と共にそこへ骨を埋める覚悟だった。社内の若手には賛成者が多く、「是非使ってほしい」と売り込んでくる者もあった。だが、年輩者たちの中には、「夢みたいなことで会社の金を浪費している」という批判も強かったようだった。

ところが、Z1発売と同じ七三年、いわゆる第一次石油危機が勃発した。百パーセント石油輸入の日本経済は大混乱となった。ブラジルも石油では輸入への依存度が大きく、その値上がり対策として、大掛かりな輸入制限を始めた。オートバイも輸入禁止となった。

輸入できなければ、サンパウロ、リオでの小売り、という第一段階が始まらない。

いろいろ時間をかけて検討してみたが、輸入禁止措置が解けない限り手の出しようがないことは明らかだった。近年、トヨタなどでは実現しつつある国際物流構想だが、当時の経済情勢とカワサキの力では、夢物語に終わるしかないのだった。

「それ見たことか」という批判の声も社内から聞こえた。世界不況の中、海外出張のネタも尽き果て、会社生活で初めての失意の中、私は、毎朝出勤までの時間を本の執筆に当てた。アメリカ開拓時代のいわばビジネス失敗談である。

私として初めての単行本、『モーターサイクル・サム、アメリカを行く』は、七六年六月、現在のプレジデント社から出版された。それは、カワサキの人々にも読まれたが、それ以上にホンダ、ヤマハで読まれたようであった。私の名は、世間一般にもいささか拡がったのである。

ブラジルの夢破れ、本を出し、これ以上明石でやることも思い浮かばないまま、私はドイツ赴任を決心したのだった。

ドイツへ

そこではすでに会社が発足してはいた。だが、海外で仕事のできる人材が不足しているため、イギリスの社長が社長兼任というどだい無理な設定の上に、海外要員として入社したばかりの二人を派遣する、という無理を重ねていた。ドイツはアメリカに次ぐ市場だし、速度無制限のアウトバーン走行のため、カワサキが得意とするZ１などの大型バイク主体でカワサキにとって攻めやすい市場でもある。どうせやるのなら万全の体制で臨むべきだし、そのためには私の社長就任がベストだ、と自分で売り込んだ結果であった。

赴任前六カ月間、私は神戸市の語学学校でドイツ語会話の個人レッスンを受けた。

「第三話」で述べたとおり、私が大学で学んだほぼ唯一のものがドイツ語だった。だから若干は自信もあったのだが、念には念を入れるべく、本社人事部の予算を使って、レッスン受講となったのである。

ちょうど十年前、アメリカへ赴任したときにはなにもなかった。見通しも経験も知名度も皆無で、しかも英語をしゃべることもできなかった。

だが、今度は違っていた。ブラジルのつまずきこそあったけれど、社内の圧倒的な信頼と支持があった。アメリカでの経験、という武器もあった。言葉に不自由することもなさそうだった。そして、『モーターサイクル・サム』のせいで、世間での知名度も増していた。

私は、自信満々、花道から六方踏んで登場！　の心意気、思い上がりで、七六年七月初旬、フランクフルト空港へと降り立ったのだった。なお、この年の四月、四十歳の私は、同期生のトップを切って課長に任ぜられてもいた。

ドイツ最大のオートバイ誌『ダス・モトラード』は、「Z1の父、来る！」と特集号を組んで私を迎えてくれた。あいさつに出向いたホンダ、ヤマハでは、これも十年前のアメリカとは様変わりで、社長自身が丁重に応対し、私に対して「アメリカでの成功の秘密を教えて下さいよ」など低姿勢であった。

そんなある日、テレビ局から取材の申し込みがあった。ドイツへの日本オートバイのすさまじい進出を特集する、という。

「私は赴任したばかりだ。ホンダかヤマハへ行くがよかろう」と断ったのだが、

「ホンダ、ヤマハの責任者は全然ドイツ語をしゃべらないから」とのことだった。

それは夜七時台のゴールデンアワーに放映された。自分がしゃべる映像を見ながら、「ホンダ、ヤマハの社長たちは全然ドイツ語を話さずに仕事しているのか。そんな風なら、戦い方次第で勝ち目もあるかな」と改めて思い、さらに意気軒昂となったのであった。

軌道修正

マネジャーたち評価

カワサキ・モトーレンＧＭＢＨ（ＫＭＧ）はフランクフルト郊外にあった。

明石サイドでは、日本人の多いデュッセルドルフに構えては、という意見もあった。しかしドイツ人が全ドイツにオートバイと部品を供給する会社であり、日本人は精々数名駐在するだけなのだから、その便宜を優先することは許されない。物流の中心地でもあるフランクフルトに位置することを私自身も主張した結果であった。

発足後半年経っただけで、まだ従業員二十名足らず、その組織も簡単なものだった。

社長の下、管理、営業、サービス、部品の四部長からなる。この規模の販売会社としてまずは典型的な組織である。だが、日本人がらみのところがおかしかった。まず形式上社長がイギリスにいてイギリスと兼務となっているが、実際はフランクフルトに常駐する副社長が全責任を負う体制だった。川重では係員に過ぎない男を社長にするわけにはいかない、という川重的配慮による。その副社長に一人の日本人スタッフが付いていた。

私の赴任で社長兼任の問題は解消した。

私はまず、日本人二人と四部長に対して、それぞれ一時間を超える入念なヒアリングを行なうことにした。彼らを正しく評価し、もし駄目な者がいるなら早急に入れ替えないことには社長の仕事は成り立たないのである。

まず副社長と話した。彼はいくつかの会社を経験して、ビジネスの常識は備えていた。

私がベーカースフィールドのトムの店に派遣して六カ月間研修を積ませた男でもあった。元々は攻めに強いタイプだが、創業期にあって、販売網作りがもっとも重要な分野である以上、それは私自身の仕事でなければならない。

「財務担当として私を助ける気はないか?」と尋ね、彼はそれを了承してくれた。

こんな小さな販売会社の財務は大して難しいものではなく、まじめにやる気さえあればこなせるし、彼はやる気十分だった。

問題はそのスタッフを務めている男だ。日本の大学に在学中、ドイツ、イギリス、スペインなどあちこちの学校を渡り歩いている。日本人には珍しく語学の才能に恵まれており、これら各国の言葉をたくみにしゃべる。ドイツ語も非常にうまい。彼が選ばれた最大の理由はこれだ。だが、仕事の経験は一切なく、会社で働くのも初めてだ。その彼が、ＫＭＧの中では、副社長スタッフとして業務全般に口をはさんでおり、特に日本との連絡を独占している。

「第四話」でも若干触れるところがあったが、私は、かように言葉だけ巧みで仕事の基礎を持たぬ人間を評価しない。日本人としてどんなにドイツ語がうまくても、所詮ドイツ人には敵わないのである。また、明石工場各部門との連絡は、四部長それぞれが英語でやれば済むことで、こんな情報統制は非効率なだけである。

私自身、アメリカへ赴任したときには経営経験皆無に近い状態だった。その代わり、一から学ぼう、という意欲だけは強烈にあった。だが、彼は、言葉ができることだけを売り物に、最初から経営者として振る舞おうとしており、これでは救いようがなかった。

外国生活を愛する彼は、なんとかしてドイツに留まろう、と盛んにアピールしてきたのだが、私の会社に彼の座はなさそうだった。

部長諸君はいずれも、日本でいえば中学卒だった。ドイツの大学卒はなかなか値打ちも給料も高く、我々の給与レベルでは採用できない、とスタッフは述べていた。

管理部長は、手堅い実務家で、まずは合格とすべきだった。管理は要するに後処理で、副社長と組んでまじめにやってくれる限り、そう難しい要求もいらないのである。

部品部長は、南部バイエルン州の出身、長年ドイツ陸軍にあってそこで自動車の技術、英語からコンピューターまでいろんなことを学んでいた。部下、ディーラーへの対応が乱暴過ぎる面はあるが、まあまあ合格だった。

サービス部長は駄目だった。ドイツでは新商品発売に当たっては、ツフという半官半民の機関の認定を受けねばならず、オートバイでもこれを各モデルごとに要求される。

その業務にツフで長いこと携わっていたキャリアを買われて採用されたのだが、ディーラー指導、というサービス部長の本来の仕事が全然わかっていなかった。ドイツ人には珍しく家族をベルリンに置いての単身赴任で、そんな関係もあってか、すぐ感情を爆発させて怒鳴り出す癖があり、こんな点でもディーラー相手には不適だった。

問題は営業部長だ。この分野こそ新会社の生命線である。私の評価もとりわけ慎重かつ的確でなければならなかった。彼はドイツ人としても大男だった。いかめしい口ひげを生やし、ローレックスの金時計をきらめかし、パイプをくわえて、なかなかの貫禄だった。

広報、宣伝関係に熱心で、現に、『ダス・モトラード』誌が私を「Z1の父来る!」など取り上げたのも彼の段取りである。だが、まだ販売網のない会社が、どんなにお客向けに訴えても販売にはつながらない。宣伝はディーラー募集に絞るべきだ。しかし、彼がなけなしの予算で展開しているのは派手なイメージ広告ばかりで、副社長とスタッフは、営業面がよくわからないまま、それを歓迎していた。彼がディーラー開拓という目下の生命線に優先順位を移してくれるか、が勝負だった。

ヒアリングの結論は、副社長と管理部長と部品部長は合格、スタッフとサービス部長は不合格、営業部長はペンディング、となった。

間もなくスタッフには帰国を命じた。彼は、不満たらたら、私への陰口を散々ばらまいて、明石へと向かった。そこでも彼が私への抵抗勢力になろうことは容易に予想された。だが、新しい、小さな、日本資本の会社を戦闘態勢とするには、その中に機能のはっきりしない日本人など存在してはならないのだ。彼を通訳兼便利屋として使えば私にとって好都合ではあろう。

日本企業の現地法人に、そのような日本人や現地人を見る例も多い。しかし、私に通訳は不要だし、そのような業務上不要な日本人は組織を腐らせるだけなのだ。

サービス部長には、私の下では将来がないことをはっきり告げた。ドイツでは、アメリカなどと違って、従業員をクビにするにはいろいろ面倒な手続きと多額の補償を必要とするのだが、彼は家族の問題もあってか、あっさり辞職してベルリンへ帰っていった。

ドイツにもアメリカ流のヘッドハンター、いわゆる人材銀行が発達しており、その一つが持ってきたトラック会社の男を、サービス部長として採用した。

かくて、管理部長に営業部長マンフレッド、部品部長ハンス、それに新サービス部長ロルフと、私を支える四部長がひとまず定まった。私は、マンフレッド以下の三部長とは、アメリカ流にファーストネームで呼び合いながら、仕事を始めたのだった。私のことは、これもアメリカ同様、サム、と呼ばせた。

ドイツでは、「あなた」に当たる言葉が、家族や特に親しい間柄で使われる「ドウー」と、それ以外の場合の「ジー」の二通りあり、ファーストネーム、ジー、というのが会社関係では普通である。我が社もそうしたのであり、彼らの三部門の中でも、それが定着した。ただし、管理部長は頑固に私を「ミスター」付きで呼んでこのクラブに入らず、副社長もそうだった。彼らは物堅い仕事なのだから、それでもよかろう、とした。

こんなことをクダクダ述べたのは、ドイツの会社一般では普通でも、そこで日本企業のトップがファーストネームで呼ばれる例は少ないし、こんなことも、社内を急速にまとめるのに有効だった、と信ずるからである。

販売網の評価

さて、と一番気掛かりなディーラー開拓状況に目を向けた。発足後六カ月で十五店を獲得している。「第四話」のカリフォルニアに比べれば問題にならないスローペースだが、問題はむしろその中身である。お膝元のフランクフルトをはじめ、シュツットガルト、ミュンヘンなどの大都会になく、「これら大市場ではディーラー探しにどんな活動をやってる?」と尋ねたけれど、マンフレッドは無言のままだった。どうも、昔の西部代理店同様、こちらが重点的、戦略的に攻めるのではなくて、候補者が手を挙げてきた所から順番に対応しているらしい。

七月中旬のある早朝、私と副社長とはアウトバーンをルール地帯へと向かった。

まずケルンの中心街。それより四年前の七二年夏、「欧州班」発足前に初めてドイツの販売網を見て歩いたとき、訪問した店の一つである。それは、輸入代理店時代のディーラーがそのままKMGに認められた数少ない例の一つでもあった。店主は私を覚えており、私の赴任を喜んでくれた。それはいいのだが、店は四年前と同じく、電機製品と間仕切り一つで隔てただけのお粗末なものである。

「別になんとも言われないから、そのままにしている。利益が出たら改修したい」とのこと。では、我がKMGにはショールームの基準もないのか。大都会ケルン唯一のディーラーがこんな状態では困る。

修理工場も以前のままだった。だが、「サービス部長が替わってから、設備やメカニックの数について注文を付けられている。面倒だけど、金を掛けざるを得ない」とのことで、この面ではロルフが始動していることがわかった。

部品庫には一応の部品が在庫され、管理体制もできており、「部品部長はうるさいね」と顔をしかめていた。社内ヒアリングでの私の評価が、そのままディーラー指導の差になって現れていた。

この辺の、ドイツで一番古いアウトバーンを何度も乗り換えて、私たちは、ドルトムント、ハム、最後にデュッセルドルフのディーラーを駆け足で見てまわった。これらは、ドルトムントでフォード・ディーラーを経営するピータース氏が資金を出して展開しているチェーン店網であり、最初から私の気掛かりの一つだった。

これらの店では、いずれもプロらしいマネジャーが経営に当たっていて、ショールームも工場もまあまあだった。ＫＭＧの前サービス部長にはついては不満タラタラで、それだけにその交代を歓迎していた。マンフレッド営業部長には、「偉い人」ということで一目置いており、ドイツ人らしい事大主義の現れか、と思われた。それだけに、彼を処分するのは、もしやるとしても慎重にすべきだな、と改めて思った。

オーナーのピータース氏に関しては、尊敬というより恐怖に近い感じをあらわにした。契約内容については誰も答えなかったが、彼が余程強烈なリーダーシップの持ち主なのか、それとも厳しい契約で縛り上げているのか、いずれにせよ、私は一段と警戒を強めざるをえないのだった。

夕刻、第一勧業銀行（現みずほ銀行）を訪ねた。川重のメインバンクたる同行は、ＫＭＧ輸入業務の大半を扱っていた。私が赴任するや否や、ただちに会いたい旨、副社長経由で何度も迫ってきていた。私がフランクフルトに腰を据えて二週間、「あいさつ」を先送りしていることへの不満も聞いていた。だが、私にしてみれば、銀行へのあいさつよりは、社内体制の見直しやディーラー開拓状況把握のほうが優先順位が高かったのである。この銀行訪問があるから、今回は、財務担当で従来からの関係もある副社長を帯同したのであり、二人しかいない日本人が揃って行動することはなるべく避けたいところでもあった。

あいさつの後、「日本会館」という日本料理屋へ案内され、久しぶりの日本食はやはり旨かった。「もう一軒付き合って下さい」と連れ込まれたのは、大きなビアホールのような感じで、ビールと、ドイツの焼酎に当たるシュナップスの盃を重ねた。支店長も私も副社長も、みんなかなりの飲み助で、大いにメートルが上がった。

飲み物を運ぶ女性たちは若くて美人揃い。この国の法規制のため同席することはないが、酒を注いだり勧めたりする立ち居振る舞いがなにやら怪しげで、おかしな感じを抱いてはいた。やがてトイレに立ち、済ませて出てくると、美人の一人が待ち構えていて、

「二階へ行きましょう！」と誘う。

「二階？　なんのために？」

「いいことするの」、としなを作ってウインクする。ははん、と合点した。

アメリカや日本と違って、欧州には売春の風が健在であること、書物などで承知していた。今回、赴任以来二週間余りの禁欲で、もう爆発寸前の状態でもある。だが、私は必死で判断した。ここで二階へ行けば、間違いなく銀行に接待されることになるだろう。食事や酒ならともかく、そこまで面倒を見られるのだけはやめておこう。接待ずれした政治家や官僚からすればお笑いぐさの潔癖さだろうが、私は必死で耐えたのだった。サラリーマンとして随分無茶も勝手もやったけれど、私があまりつまずくこともなく済んだ一つの理由は、こんな潔癖さにあったのかも知れない。

翌朝、私たちはドルトムントのフォード・ディーラーにピータース氏を訪問した。

それはドイツでのフォード・ディーラーとしては中規模程度と思われた。ピータース氏は、四十歳の私より少し年上の禿げ上がった男で、私が彼に先立って彼のディーラー群を訪問したことにひとしきり難癖をつけた後、この地方のわかり難いドイツ語でまくし立てた。

「カワサキの製品はもっともドイツ向きだ。一緒に大きくなろう!

今はまだドルトムント、デュッセルドルフ、ハムだけだが、ブッパータールにも計画している。ルール地帯に十店は構えて、ここでホンダ以上の地位を固めたい。

将来はフランクフルトや他の大都市にも進出したい」

「ブッパータールでは、土地、建物はもう確保しているのですか?」

「まだです」

「では、進めないで下さい」

「なにを！」

「赴任したばかりで販売網開発方針策定の最中です。それが済んで通知するまで、新しい出店はやめてほしい」

「あなたは金儲けをしたくないのか？」

「まず方針を固めます。いずれにせよ、カワサキは、なるべく多くのドイツ人に売ってもらい、乗ってもらいたい。一部の人だけに独占的に機会を与えることは避けたい」

彼は立ち上がり、両手を拡げて、私に理解できない言葉で悪態を付き始めた。

私は、呆気に取られている副社長をうながして、外に出て、車に乗った。副社長は、「ピータースさんは金を持っています。あんな人に、沢山の店をやってもらうのが、一番効率いい、と思うのですが」と言った。

アメリカから帰国後、製品企画、ブラジル・プロジェクト、「欧州班」など展開しながら、私は古巣たる国内営業にも顔を出していた。

不在期間約五年間、国内での最大の変化は、超大型店の出現だった。それまでの、地域密着のディーラー、という常識をくつがえして、全国各地に数十のチェーン店を展開している。年間数万台規模の販売を支える仕入れは本店一括で、その圧倒的な量を背景に徹底した値引き要求を突きつける。四メーカーは、量をさばきたいばかりに、競争で値引きを行なう。その低コストを武器に、周辺ディーラーをなぎ倒し、さらなるチェーン店展開を進める。かような大型店が、メーカーを振り回し、日本市場を荒廃させているのだ。

「今でもピータースの販売量はカワサキ全体の二〇％以上だぜ。あいつの言うままに拠点展開を認めてみろ。いつまでも二〇％以上のシェアを占める。

あいつは、それを背景に、必ず値引きと特別待遇を要求してくる。

販売網がガタガタになるぞ。あいつの比率を下げるためにもディーラー開拓を急がねばならん。それに、あのフォード店の店構えからしても、資金量が大して潤沢とは思わないね」

事務所へ帰ると、マンフレッドがカンカンに怒って怒鳴り込んできた。ピータース氏に電話で脅かされてのことである。

彼にも同じ話をやり、

「ピータース氏には今後一切出店を認めないこと。フランクフルトにまで出させるなんて冗談じゃない」と釘を刺した。

「ディーラー・ショールームの基準もないのか。市場規模などに応じて、広さ、展示車両数、セールスマンの数などを定めて、実行させねばならない」と言うと、

「専売制があるから基準はそれで沢山だ」と言う。

「第四話」カリフォルニアでの反省から、イギリス、ドイツでは、すべてのディーラーにカワサキ専門店たることを求めていた。だが、その前提は、カワサキだけで食える市場規模を与えることだ。大市場から順番に開店して行くなら、最初のうちはその規模に問題ない。専売では食い難い僻地にまで及んだら、ケースバイケースで考えねばなるまい。

ところが、ここドイツでは、私すら知らないような寒村にも、専売制で出店している。これ

には無理があり、行き詰まる恐れもあった。

だが、副社長やマンフレッドは、めくら蛇に怖じず、というべきか、専売制一直線で突っ走っている。ドイツのオートバイ業界で専売制を突っ張る例はそれまでなく、占拠率五％かそこらの弱小メーカーたるカワサキがそれを主張するものだから、話題になり、新聞などの取材も結構あって、マンフレッドはミスター専売制、とされているだけに、その見直しなんぞ考えてもいない。専売制はわかりやすいし、一つの方針の下《もと》に驀進するのが得意のドイツ人らしいやり方なのかも知れなかった。

一方、彼はショールームの基準作りのような販売実務には興味もノウハウもない。だから、私は直ちにマンフレッドの部下たる三名のセールスマンたちを集めて、市場規模などに応じた販売基準三通りを作った。

ロルフとハンスはそれぞれの分野のディーラー訓練計画を進めていたが、マンフレッドは「そのひまもない」と言うので、販売要員訓練計画も私自身作った。十年前の日本での経験（「第三話」）が思いもかけずドイツで生かされたわけである。

マンフレッドを使う限り、その不得意の分野は私がカバーしてやるしかない。それもできてこそ社長なのである。ただし、カバーしかねるほどに無能なら、交替してもらうだけのことだ。

セールスマンと一緒に、それぞれの担当ディーラーを一通り歴訪した。随分へんぴな所まで、候補者さえあれば店を出させている。技術志向の強いドイツ人だけに、総じて工場はまあまあだが、やはりショールームはやり直す必要がある。カワサキの店がまだ少ないから、遠くから買いにくるお客も結構あり、そのせいで寒村でも今のところは専売制が成り立っている。だが、ディーラーを増やしていけば、そうはいくまい。

欧米のマネジャーには、日本人社長がその部下と直接話すのを警戒する場合が多いが、マンフレッドはその点大まかなもので、これは助かった。かくて、ディーラー関係では、私がセールスマンたちに直接指示を与えるスタイルが次第に定着していったのである。

ある日、彼に、重点大市場なのにまだディーラー不在のフランクフルト、シュツットガルト、ミュンヘンでディーラー募集の新聞広告を打つよう命じた。

得意とする縄張りを侵されて、彼は口ひげを震わせて抵抗した。

「そんな物欲しそうな広告はカワサキのイメージによくない。予算もない」

「じゃあ他に方法があるかね？」

「……」

「物欲しそうでない、しゃれた広告を考えろ。予算は他の費目から捻り出せ」

彼は激怒して席を立った。やがて副社長がやって来た。

「あいつ、広告予算は全部雑誌などに割り当て済みなんです。特別予算を付けてやりましょう！」

「今年利益が出るかどうか、まだわからん状態で予算積み増しなんぞできるか。その雑誌などを削ればいいんだ」と私は一蹴した。

副社長に営業面の判断を期待する気は毛頭ない。またそんな形で、彼がマンフレッドたちの駆け込み寺になるのも困る。日本の大企業では、そんな調整役が組織の潤滑油として機能することもあるが、従業員わずか二十名の私の小企業でそんな機能を認める考えもないのだった。マンフレッドは追い込まれた形で、、フランクフルトとミュンヘンで新聞広告を打つ案をしぶしぶ提出し、それは実行された。

十五店を集めた初めてのディーラー会議で、私は、三年以内に占拠率を現在の五％から一五％にしてホンダ、ヤマハに次ぐ三位になること、アメリカではすでに一八％になっているから、ドイツでもそれは十分可能なこと、そのためにディーラーを十五から百以上に増やすこと、を表明した。彼らは、三位になることは歓迎したが、競争相手にもなる新規ディーラーがそんなにも増えることには露骨に嫌な顔をした。

ドイツ事情様々

ディーラー会議も済んで一段落の感ある八月下旬のある日、マンフレッドが二週間の休暇願を出してきた。

「この忙しい最中に、営業部長が二週間も休むとは何事だ！」

私は直ちにそれを突き返した。すると間もなく、四部長揃って面談を求めてきた。みんな難しい顔をしている。

管理部長が全員を代表して、「年に六週間休暇を取ることは、契約上定められている権利です」と口火を切った。

部品部長のハンスが、「ドイツ人とその家族にとって、休暇はもっとも大切な年中行事だ。それを否定されるのなら、働くわけにいかない」と居直る。

張本人のマンフレッドが、「忙しい最中だからこそ、遠慮してたった二週間にしたんだ。子供の夏休みの関係で、この時期にしか休めない」と言う。

新参のサービス部長ロルフが、最後に、「サム、私たち部長もその部下たちも、みんな休む。それは当然の権利だし楽しみです。あなたも休まねばならない」と結ぶ。

そして四人、椅子に腰掛けて私の反応を待っている。ワンマン社長たる私にその就任以来押しまくられっぱなしだった彼らが、「この辺で一発やり返しておかねば」とばかり束になってかかってきた面もあったのかもしれない。

なるほど、と私はアメリカ時代の経験を思い出した。灰神楽が舞っているようなその創業期にも、アメリカ人は休んだし、それを認めざるを得なかった。当時、日本人たちは長期の休みなんぞ遠慮していたが、今では、現地化の一環として、彼らも数週間休むことをやっているそうだ。ここは、郷に入っては郷に従え、で行くしかない。私は直ちにマンフレッドの休暇を認めた。ほかの部長たちは、子供がいないかまだ就学前だから、なにも道路やホテルが一番込み合う夏に休む必要はなかったのである。

セールスマンを増やして、私が彼らを直接指揮して、ディーラー開拓が進んだ。フランクフルトにもミュンヘンにもできた。それに伴って販売も伸び、KMGはその七六年十二月末、最初の決算で、かなりの利益を計上できそうだった。我が社はZ1以下の大型車中心だから、その販売が計画以上であることは、川重利益への貢献も大なるものあり、私はますますもって得意満面だった。

就業時間は九時からだが、毎朝七時前には出社した。鍵を開けて入り電灯をつけ、人気《ひとけ》なく電話も掛かってこない中で、今日の段取りと今後の戦略を考える。これが私のもっとも充実した仕事だった。このパターンは、ここフランクフルトで生まれ、私が一九九六年末にＢＭＷ東京（株）で第一線を退くまで変わらぬものとなる。

私の次に出社するのは管理部長ときまっていた。ところが、ある冬の日の朝、みんなが揃って電話が鳴り始めても、彼の姿が見えない。部下への連絡もない。

「病気かな？」など心配もするうち、十一時過ぎに現れた彼は、

「弁護士と話していて遅くなりました」

「弁護士？　なんのために？」

「隣人を訴訟したのです」

「え？」

彼の奥さんが、隣家の前の雪だまりで転び、足の骨を折った。お隣の保険で万事カバーされるのだが、保険求償を円滑にすべく訴訟したのだ、という。訴訟社会アメリカで暮らしたことのある私だが、隣人を訴訟する、それも、部長たちの中でもっとも常識的で穏健な彼が平気でそれをやる、というのはいささかショックだった。

先日の休暇論議でも、「権利」なる言葉が飛び交っていたが、妥協社会日本で帰国後十年を過ごした身として、再び契約社会に生きることを改めて自分に納得させた次第だった。

フランクフルト・チョンガー

単身で赴任した理由

ドイツ赴任がきまって、当然家族全員で来るつもりだった。私生活における私の無能力者ぶりを百も承知の妻は、勿論そう考えていた。中学一年生の長男、小学四年生の次女は、「外国」へ行くことで興奮していた。

ところが、いよいよ私が出発する段になって、高校一年の長女が、「私は絶対に行かへん」とごね始めた。娘とは言え、もうふくらむべき所は十分にふくらんで一人前の女性であり、こうなるともう父親の手には負えない。妻によく聞かせてみた。

「行きっぱなしなら、ドイツでもアメリカでも行く。だけど、また日本へ帰るんなら行かへん」と頑張るのだそうな。

「アメリカの子になりきって小学四年で帰国し、日本の学校へ入ったのが、余程つらかったんでしょうね」

一九七〇年のその頃、まだ帰国子女を受け入れる体制など皆無で、彼女は明石の市立小学校に編入され、Z1等々に夢中の私は、子供のこと一切を妻に委ねたまま、彼女の悩みなんぞ知る由もないままだった。

「日本へ帰るんなら行かへん」に閉口して、私は単身赴任を決意したのだ。

その家具付きアパートは、フランクフルトの中心街に近く、その郊外に位置する会社へは車で二十分だった。朝はトマトジュース、ヨーグルトにバナナを食べた。コーヒー位ほしかったが、そしてアパートにはちゃんと台所があったのだが、火を使うのが面倒なのである。また、リンゴなどナイフを要するものも敬遠する無精さだった。六時過ぎにアパートを出た。昼食は会社の近くのイタリア料理か中華のことが多かった。夜は、会社の帰りに行き当たりばったりだったが、早い時はフランクフルトの日本料理屋へ行くこともあった。

土曜日の朝、一週間の汚れ物を近所の洗濯屋へ持ち込み、先週の分を受け取った。下着類まで毎週全部出す私は上得意に相違なく、禿頭の親父とは毎度無駄口を交わす間柄だった。

「第四話」のガーデナ・アパートのときと同様、掃除は一切しなかった。日本からの出張者がしょっちゅうあり、彼らは私のアパートから歩いてすぐの小さなホテルに泊まることになっていた。夜、仕事の後、一緒に夕食をとって、さらに私のアパートで一杯やり、彼らは歩いてそのホテルへ帰るのである。炊事などしなくても部屋は自然に汚れるようで、その汚さを見かねて掃除してくれる者もあり、そんな出張者だけが頼りなのだった。

赴任後最初の三カ月ほどは土曜も日曜も働いた。その頃のドイツでは、食堂、ホテルなどを除いたすべての商店が、土曜の午後二時以降と日曜には閉まったから、これでは買い物に困ったが、なに、私の買うのは、朝食のトマトジュースなどと酒類だけだったから、昼食の途中に済ませることだってできたのである。

やがて日曜は休むようになった。日曜の朝は、まず日本の新聞を読むことにした。会社宛に数紙送られていたが、そこで読むひまなどなかったから、日曜に一週間分まとめてかたづけたのである。最新のニュースは現地の新聞とテレビで承知していた。

天気がよければ散歩に出かけた。すぐ近くのホルツハウゼン公園を数周し、そのまま繁華街へ向かう。どうせ商店は休みなのだから、文字通り歩くだけである。中心街ハウプトバッヘのレストランでお気に入りのドイツ料理を頼む。シュバインハクセ、豚の足の骨付きをカリカリに焼き上げたもの、その皮は煎餅のように硬い。それに、これもドイツ名物のジャガイモ・サラダと生ビールをやるのが日曜の昼食である。

午後一時頃帰宅して、明石へ電話すると、八時間先行の日本では夜九時過ぎ、家族みんなと話すことができるのだった。

レースへの入れ込み

やがて土曜日も休めるようになった。だが、チョンガーは、その土曜の朝、洗濯屋を済ませると、もうやることがない。

私は、オートバイ・レースを見て歩くことにした。自動車と同じく、オートバイでもレースが盛んだ。そして、ここ欧州がその本場である。フランクフルトを起点に愛車ＢＭＷ５２５を吹っ飛ばすと、ドイツ国内はもとより、フランス、ベルギー、オランダあたりまで日帰り圏内である。欧州のレースが白熱化するのは、国家対抗だからだ。ライダーたちはそれぞれの国旗を胸に抱くか背中に背負って走る。観客たちもそれぞれの代表選手に熱狂的な応援を送る。これは、日本では勿論、アメリカにもない現象だった。そして、この現象は、欧州連合になった今日《こんにち》も全然変わることなく、それは、連合の限界を示してもいる。人気も高くて、観客動員数は大変なものだし、テレビで放映されることも多い。

レース・ファンの一人として、観客の中で夢中になって観戦しながら、「欧州で知名度を上げるにはレースをやるのが一番の近道ではないかな?」と考えていた。

七七年四月、私は日本へ出張した。用事が一段落するともう四月末、ゴールデンウィークが始まろうとしている。「休みなんだから日本でゆっくりしたら?」と勧めてくれる人は多かった。家族がそれを望んだのは言うまでもない。

それを押し切る形で、私はドイツへ帰った。

カワサキが密《ひそ》かに開発を進めてきたグランプリ・マシンKR250が工場外で初めて走るのだ。それが我がドイツのホッケンハイム・リンク、しかもそれを駆るのがキヨこと清原明彦なのである。キヨは、「第三話」のシゲボンの一年上級で、これも養成工きっての悪《わる》だった。彼については、拙著『清原明彦物語』(グランプリ出版、一九八六年)などに詳しい。オートバイ狂がこうじてテスト・ライダーになり、やがて契約ライダーとしてレースを走るようになっていた。キヨが工場外初登場のマシンで我がドイツを走る、これは、家族がなんと言おうが、応援しないわけにはいかないではないか。

土曜日の夜フランクフルト着、翌日曜の早朝、会社で溜まっている書類や手紙を片づけた後、ＢＭＷでハイデルベルクの城に近いホッケンハイム・リンクへと向かった。

もう満員の観客をかき分けてピットまでクルマを乗り入れるのは難しい、と見て、一般駐車場に駐車し、ピットへ入ると同時に営業部長のマンフレッドに出くわした。

「サム、カミカゼ小僧はすごいな。ポール・ポジションだ」

「カミカゼ小僧？　誰のことだい？」

「キヨハラさ。予選タイム一位でポール・ポジションを獲得した。欧州でまったく無名のライダーが、ＧＰ初出場マシンでポール・ポジションとあって大騒ぎだ。「欧州中のメディアが取材に来た」と上機嫌である。

数カ月前、キヨのことを話したら、彼は、「初登場のマシン、欧州サーキット初出場のライダー、これでは千に一つも勝ち目はない。負けるとわかっているレースをやるのは逆ＰＲだ」など猛烈に反対していたのだが。その日の本番レースでは、キヨは終始二位につけて、いつでも抜き去れる必勝のポジションを確保しながら、サインの出し間違い、読み違い、という、初出場らしい単純ミスのため、最後の一周で抜くことのないまま、優勝を逸して二位に終わった。だが、これでＫＲ２５０に十分戦闘力のあることが証明されたのだ。

その七七年、占拠率を私が赴任した七六年の五％から七・八％へと五割増しして意気上がる私は、さらに一〇％から一五％を狙う戦術の一つとして、翌七八年からレース活動を開始することにした。ドイツで一番速いトニー・マングと契約して、ドイツ選手権獲得を目指したのである。

意外なことに、その第一戦は、私の故郷《ふるさと》アメリカ・フロリダ州のデイトナとなった。トニーが、このアメリカ最大のデイトナレース挑戦を契約の条件としたからである。そして、さらに意外なことには、そのデイトナの250ccクラスで、オーストラリア・カワサキのライダーに続いてトニー二位とカワサキのワンツー・フィニッシュとなった。カワサキ初のデイトナ制覇である。十年以前の六八年には、そのデイトナでレース監督を務め、惨敗を喫した覚えもある私としては感無量であった。

その七八年、トニーは圧倒的な速さでドイツ選手権を獲得した。七九年もそうだった。トニーが勝つたびに、新聞、雑誌からテレビ、ラジオまでトニーとカワサキを報じた。私の狙いどおり、カワサキの知名度は大いに上がり、これは、新ディーラー開拓にも販売増にも貢献した。占拠率も一〇%を超えて躍進した。二年半前、赴任後初のディーラー会議で、私が占拠率を五%から一五%に高めることを三年後の目標として掲げたとき、まじめに受け取らなかったディーラーも従業員も、今や真剣に、その実現に取り組んでいた。

日本の銀行ってやつは

ドイツでも、ディーラーの注文を受けて車を出荷すると同時にディーラー宛に請求書を送る。ディーラーは、支払いと引き替えにKMGから車検証を受け取る。車検証なしには車を登録することができないから、我が社の売掛債権は一応保護されている。この点、「第四話」のカリフォルニア州と同じである。

だが、ドイツ全土に販売網が拡がるにつれて、請求書発送と支払い、車検証送付の間に齟《そ》齬《ご》が生じ、代金回収に手間取ることが増えてきた。これは、一日も早く納車して金にしたいディーラーの不満でもあった。アメリカのように、金融機関をかませてリスクを避け手間を省くことはできないだろうか？

ベーカースフィールドのトムの下《もと》で修行して同地の慣行を知る副社長は、ただちにその趣旨を理解してくれた。わけがわからず懐疑的な顔のマンフレッドを尻目に、彼が取引銀行各社と検討を重ねた結果、七八年初頭からドイツ興銀に依頼することとした。ＫＭＧは、オートバイをディーラー宛に出荷し請求書を送ると同時に、請求書のコピーと車検証をディーラー最寄りのドイツ銀行支店へ発送するのだ。ディーラーは、その支店に支払って、引き替えに車検証を受け取る仕組みである。

この際、ディーラーが支店から融資を受けることもできる。興銀サイドでは、それまでの大企業だけへの貸し付けから、より広い分野への事業展開を模索し始めていた時期だったのだろう。これがかなり大きな囲み記事となって日本経済新聞に掲載された。すると川重側で大騒ぎになった。

「メイン・バンクたる第一勧銀ではなくて、興銀（日本興業銀行）とやるのはけしからん」というのだ。興銀はドイツ最大のドイツ銀行と提携関係にあり、その支店網を活用できることがこのシステムのミソで、そんな地方組織を全然持たない第一勧銀のデュッセルドルフは最初から降りていたのに、こうなると、改めて副社長にガタガタ言ってくる。とうとう事態収集のため、副社長を日本へ派遣する騒ぎになった。

彼を空港へ届けるＢＭＷの中で私は言った。

「日本の銀行はやくざみたいなもんだ。それぞれの縄張りを守ることばかり考えている。しかもその縄張りたるや、日本サイドの関係で決められたもので、現地の能力なんぞ考慮されない。第一勧銀はそんな邦銀の典型だな。現地で商売する気がなく、日本サイドの縄張りに固執するだけだ。ご苦労だけど、荒神山《こうじんやま》をさばくつもりで気楽にやってくれ」

浪花節ファンの彼は、荒神山のたとえに大いに納得したのだった。

ドイツ金融の中心地とされるフランクフルトには、その七〇年代後半、日本の銀行や証券会社が次々に進出していた。

駐在員が、開店披露パーティーに私と副社長とを出席させるだけのために、中心地から三十分のＫＭＧにまで何回も足を運ぶ。日本から「訪独」されるトップたちに、出席者数を誇るだけのためである。チョンガーの私は、時間が許せば顔を出してただの寿司や蕎麦をむさぼり食うこともあった。そこに見るのは日本人ばかり。現地で商売する気も手掛かりもなく、ただ、「あそこも出したから」の横並び意識だけで出てきたのは明らかだった。アメリカでもドイツでも、現地で現地人に売ることだけを十年以上試みてきた私には、なんとも異様な風景だった。ちなみに、こんな横並び組が、九〇年代に入ると、今度は枕を並べて討ち死にし、相次いで引き上げることになるのだが。

川重と第一勧銀の横槍をかわして、我々の金融システムは稼働し、これもＫＭＧの業績向上に役立ったのだった。

その第一勧銀と興銀とが「みずほグループ」で一体になるなど、当時は想像もできなかった。ただ、荒神山の空しさ、ひいては川重体質への疑問、が改めて私の中に浮上したのは事実である。

石油危機後の不況で、本業たる造船部門の落ち込みがはっきりしてきた川重は、利益を増やすべく、ＫＭＧへの仕切価格を上げることを毎年試みた。特に、「ディーラーにそんなに儲けさせる必要はないだろう」と私を責めた。私は、金の卵ほしさにそれを生むガチョウの腹を割いた愚行を上げて徹底抗戦した。「最終話」で述べることだが、ＢＭＷへ転ずる際の面接で、「日本のオートバイ・メーカーで、ディーラー利益にいつも配慮したのは、あなたの時代のカワサキだけだった。これはＢＭＷの哲学に一致する」とほめられて、複雑な思いにひたったものである。

ドイツ事情その二

ある日、管理部長、マンフレッド、ロルフ、ハンスの四部長が揃ってやって来た。

例のマンフレッドの休暇事件以来のことだ。「今度は何事か」と警戒すると、「アエロフロートに乗るのはやめてほしい」という意外な要望である。冷戦の当時、欧州〜日本間を飛ぶ航空機は、ロシア上空を避けて、アラスカのアンカレッジ経由となっていた。その中で一人アエロフロート・ロシア航空のみ、フランクフルト―モスクワ―東京と飛び、これが一番速いしました安い。それを予約したことへの抗議である。

「なぜだ?」と尋ねても全員押し黙ったきりで答えない。結局、私はアエロフロートで無事往復した。

後で気付いたのだが、第二次大戦でロシアの奥深く攻め込んだドイツ軍が殺したロシア人は二千万人にも上る、といわれる。ホロコーストのユダヤ人六百万を遥かに上回る空恐ろしい数字である。それだけに、「ロシアに足を踏み入れたらどんな仕返しをされるかわからない」という恐怖感と不信感が、平均的ドイツ人たるわが部長諸君にもあったのだろう。新聞などではドイツの東方政策、ロシアへの投資、ドイツ―ロシア両首脳の友好的会談などを盛んに伝えていた当時だったが、そんな表面には現れない、長い歴史に根ざした欧州人同士の心のひだを眺めた思いだった。

ドイツのオートバイ・シーズンは、復活祭《イースター》明けの四月から八月一杯、したがって三月から六月までの四カ月間がKMGからディーラーに対する卸売りの勝負である。私は、そのシーズン開始前の二月と終了後の九月に二週間ずつ、ディーラー回りをやることにした。

担当セールスと一緒に車で歴訪し、第一線の様子を聞いて、本年の販売施策の修正を行ない、あるいは来シーズンに備えるためである。これも赴任二年目の七七年から始めた。ドイツではディーラーも攻撃的で、訪問するトップに徹底的に文句を言うから、日本メーカー他社のトップはやりたがらないことだった。言葉の関係もあったのだろう。だが、私としては、それを避けては私の社長業が務まらないのだ。

ディーラーたちは、攻撃しながらも、かような私の姿勢を評価していた。それ以上にセールスたちは、私と行動を共にし、直接話すのを喜び、自分の順番が回ってくるのを待ちかねていた。長時間のドライブで話も尽きると、私は、学生時代にドイツ語の教科書にあった古い民謡をドイツ語で口ずさんだ。

「ローレライ」、「姉妹、愛《め》でて作る」の歌詞で知られる「まことの愛」、「ムスイデン・ムスイデン」で始まる「別れ」、それに「砂男」など、二十代、三十代のドイツ人セールスは最初けげんな顔で聞き、やがて「そう言えば、子供の頃、おじいちゃんがそんな歌を唄っていたのを聞いたな」などつぶやくのだった。

ドイツ人がとうの昔に忘れている古い民謡を私が知っているのも大学時代のドイツ語教育のおかげだし、こんなことも、私と彼らを、通常の日本人社長とドイツ人従業員の絆《きずな》以上の強いもので結びつけることになったようだった。ちなみに、「最終話」でＢＭＷへ転じた後、一夜ドイツからの出張者を東京のカラオケに案内したら、「あなたの、かの有名なるドイツ民謡を聴きたい」と求める。

「私がドイツ民謡を歌うのをなぜ知っているんだ？」と尋ねたら、

「業界ではみんな知っていました。カワサキのセールスたちの自慢のタネだったから」

世の中は、どこでどうつながっているやらわからないことを実感した一夜でもあった。

Z1Rの悲劇

我が野望

七八年春のディーラー会議は大いに盛り上がった。

計画通りに販売も利益も伸びており、占拠率も私が三年前に言ったペースで上がっている。興銀、ドイツ銀行との新しい支払いシステムも、それまでのドイツ・オートバイ業界で初めてのこととて、ディーラーたちに歓迎された。私自身のスピーチの中で発表した、トニー・マングによるレース活動開始は、レース・ファンの多い彼らの熱狂的な拍手で迎えられた。そして、マンフレッドは、秋の「世界旅行」を、その得意とする劇的なジェスチャーで、訪問予定先のビデオ映像など見せながら、紹介したのだった。

その年の四月から九月まで六カ月間の販売計画を達成した全ディーラー招待、アメリカ、ネブラスカ州のカワサキ・オートバイ工場見学に始まって、カリフォルニア州でカワサキ本社と主要ディーラー訪問、ハワイで数日過ごした後、明石工場見学、そして最後は、ドイツ人にとってアジアの象徴たるタイのバンコクでの観光、と全行程二週間、ホテルはすべてヒルトンかそれに準ずるクラスである。

こんな派手派手しい行事は、ドイツのオートバイ業界では聞いたこともない。ディーラーたちは興奮し、なんとしてでもこの旅行に参加しよう、と決意したのだった。七六年、七七年に続いてこの年も大きな利益を上げることが確実と思われた。ドイツ政府に税金を払うよりは、その利益を、この年にさらなる躍進を遂げて翌年に私が帰国する花道を飾るための経費として活用してやろう、という野心が私にあったのである。

そして、ディーラーたちの興奮は、Ｚ１Ｒ発表で頂点に達した。こんなことにかけてはさすがにマンフレッドで、ドライ・アイスの煙の中から次第に姿を現すその美しさにディーラーたちは文字通り魅せられたのだった。

あのＺ１も、発売後五年目を迎えて、いささか陳腐化していた。その成功をホンダ以下が見逃そうはずもなく、各社、四サイクル大型車をつるべ打ちして追撃しており、Ｚ１の栄光に陰りが見えるのも否めないところだった。そのモデル・チェンジには、まだ私が明石にいた七五年に着手し、社外からそのために招いたデザイナーが、モデル・チェンジには異例の長期間を費やして進めていた。七七年冬、明石工場でその最終モックアップを見て、私は久しぶりにオートバイ屋としての気分高揚を覚えていた。それは、アメリカ向けのいわゆるカフェレーサー・イメージでまとめられていた。小さな風防（カウリング）、細身の燃料タンク、シルバー一色だけのそれが、アメリカで大ヒットするのは間違いない。

ドイツでも大受けするだろう。これで勝負だ！　これで占拠率一五％を実現し、バランス・シートの右下にしこたま剰余金を積み上げて明石へ凱旋だ！　ドイツの社長として腕を振るうのは面白い。だが、高校、中学と一番問題の多い時期の子供たちを置き捨ててのチョンガー暮らしはもういい加減にしたい気持ちがあるのも事実だった。また、ドイツ一国ではなく、カワサキ全体の戦略立案に当たりたい野望もあった。

相次ぐ成功に、私がきわめて野心的になっていたのは事実だった。

私は、単車部門のトップから輸出担当者一人びとりに至るまで、Z1R配車ではドイツを最優先とすべきことを根回しした。これは、ドイツの末端価格が主要市場中もっとも高く、したがって川重の利益もドイツ向けが最高だから、通り易い面もあった。やがて、各国向けの台数が明らかになると、欧州各国の代理店は、その「不公平さ」について、明石の輸出部だけでなく、KMGの副社長にも訴えてきた。張本人たる私を避けたのは、当時の私には当たるべからざる勢いのようなものがあったからだろう。

「こんなに恨まれて大丈夫ですかね?」

「勝てば官軍さ」

「負ければ賊軍、ともいいますね」

副社長の言葉だが、負ける気のない私は歯牙にもかけなかった。

Z1Rは、ドイツの『ダス・モトラード』などのオートバイ雑誌でも高く評価された。大欲張りして仕入れた私だが、港に着いた分からドンドンさばけていった。ドイツ銀行のせいで、お客まで渡る時間もこちらへ入金するのもより速やかだった。トニー・マングの連戦連勝イメージが、このレーサー・タイプの車の販売を後押ししていた。そして、「世界旅行」に惹かれて、ディーラーたちは精一杯に頑張ってくれた。三月、四月と、KMGは未曾有の売上高と利益を計上していた。

そんな中で、記者会見を開いた。

毎年オートバイ雑誌だけを集めてやっていたのだが、今年はＺ１Ｒを広く告知すべく、一般の新聞、雑誌にも呼び掛けた。ドイツの大新聞、例えばフランクフルター・アルゲマイネなどにはオートバイ専門記者がいる。そんなせいもあってか、また、トニー・マングでカワサキへの注目度が高まっているためか、二十社以上が押し掛けて、マンフレッドを喜ばせた。

質疑応答に入り、私がアメリカ、ネブラスカ州の工場を「日本オートバイ・メーカー初のアメリカ工場」として紹介したことに関連して、「欧州で生産する計画は？」との質問があった。私は、「なるべく市場に近く、できれば市場の中で、生産するのがカワサキの方針である。将来、一モデルの販売台数が生産ラインを敷くことのできる規模に達するなら、欧州で生産することもありうる」と答えた。記者たちがメモする速度が上がったようだった。

重ねて、「ドイツで生産する可能性は？」ときた。

「ドイツであるかそれともイタリアかイギリスか、それはその時点でのいろんな条件次第で、今はなんとも言えない」と答え、「総理大臣の答弁みたいだな」と私は内心得意満面だった。

翌朝、二、三の新聞が、「カワサキ、欧州で生産か？」という記事を出したが、私もマンフレッドも大して気にとめなかった。ところが、数日後、明石の輸出部長から電話があった。ベルリン市長室とやらから川重本社に、「ドイツでのオートバイ生産はぜひベルリンでどうぞ！」と電話が入って大騒ぎなのだそうな。私は自分の発言要旨を紹介して、善処方頼んだ。彼は、「本社の広報室長がむくれているから、手紙で釈明しておいてほしい」と言ったが、私は無視した。そんなことで騒ぎ回るほうが間違っている、と思った。

川重本社など馴染みもないし、輸出部長が心配するそこでの思惑なんぞ、意気上がる一方の私は歯牙にもかけなかったのである。

不気味なニュース

ところが、その年の復活祭《イースター》も済んで五月に入って間もないある日、サービス部長のロルフが浮かぬ顔でやって来た。

「Z1Rのお客が転倒しました。時速二〇〇km近くで走っていて投げ出されたようです。ただし、幸い命には別状ないらしい」

決していいことではないが、高速マシンを売っている以上、避けがたい面もある事故ではある。数日後、ロルフはまた同じ報告を持ってきた。我々二人は、相談の上、技術にくわしいメカニックをすぐ現地へ派遣した。彼の報告によれば、お客はそれまで何台も大型バイクを乗り継いでいるベテランだ。アウトバーンを一八〇km以上で走行中、猛烈な横揺れに襲われ、制御できなくなって投げ出されたという。ベテランだけにうまいこと転んで、これも一命はなんとか取り留めている。

「二台続けて同じ事故とは穏やかでない。マシンに欠陥があるのでは?」とロルフ。

同じ疑問を抱いて、私は明石のサービス部長へ電話した。だが、彼は、「何万キロもテストしとるんやで。そんな話、聞いたことない」と突っぱる。私は、イギリス、フランス、イタリア、スウェーデンなどのカワサキ代理店の社長連へ電話してみた。売れ筋のZ1Rを私に大量に奪い取られたばかりの彼らは、そのうらみ、つらみをひとくさり述べた後、「そんな事故は聞いたことがない」と口を揃えた。

ひとまず安心した私のところに、ロルフが、今度はメカニックの一人を連れて駆け込んできた。このメカニック、ウーリッヒは、オートバイに乗るのが一番うまくて、アウトバーン・テストがその仕事の一つである。ロルフにうながされて、ウーリッヒはぼそぼそと話し始めた。

「テストしました。時速一八〇km以上で高速走行を続けると、バッケルンが生じます。速度を増すにつれてそれは増幅し、二〇〇kmを超えると、普通のライダーでは制御できない程度になります。あの二人は、それで転んだに違いない。これはマシンの欠陥です」

バッケルンとは、車体の激しい横揺れ、英語ではウォブリングという。超高速走行を続ければ、かような現象が生ずることもありうることは私も承知していた。

ロルフは、「リコールをかけるしかありません」と言う。

しかし、ドイツで随分勝手にいろいろ進めている私ではあったが、リコールだけはメーカーにかけてもらうしかない。その場合、問題解決の対策も一緒に発表し、実行しなければならない。フランクフルトの午後二時は日本の午後十時だ。経費節減のため、極力日本への電話を節約している私だったが、これは非常事態である。サービス部長の自宅へ再び電話した。

「そんなことないって」と言下に否定した彼は、私の言うことを聞いて、

「明日一番に技術部と打ち合わせる。なるべく早う結論を出す。だがな、タネよ」

と改まって、

「もしドイツでリコールかけたら、Z1Rは欧州のどこでも売れんようになるかも知れん。アメリカにも影響あるやろ。これは大事《おおごと》ぞよ」とも言った。

オートバイ部門生え抜きの部長で、私を「タネ」と呼び捨てる数少ない一人である彼を、この際頼るしかなかった。ロルフは不満だった。

「すぐリコールかけないと、誰よりも代表取締役のあなたが大変なことになる」

それはわかっているのだが、これだけは川重に頼むしかない。

「メ」と小野小町

ふと思い付いて、私は「メ」の自宅へ電話してみた。「メ」は「第三話」のシゲボンの同級生で、あの修学旅行で一緒した仲間だった。身体も大きいが、その目玉の大きさから、「メ」と呼ばれていた。KR250でホッケンハイムリンクを走ったキヨに惹かれて、これもテスト・ライダーの道を歩み、Z1開発ではそのチーフ・テスト・ライダーを務めた。Z1Rについてももっとも詳しいはずだった。もう真夜中近く、一杯やっている最中だったらしい彼は、あまり上機嫌とは言えなかった。

私の話を聞くと、

「タネヤン、そやから言うたやろ、『Z1Rは穴なし小町やぜ、見たら綺麗やけど、乗ったらあかんぞ』って」

「あっ」と私は思い出した。昨年冬、工場の廊下ですれ違いざま、

「Z1R、よさそうやな」と声を掛けたのに対して、確かに彼はそう言った。いかにも彼らしくえげつないその言葉を、私はすっかり忘れていたのだ。

「もし二〇〇キロ以上の高速で巡航すればそうなるのんは大体わかっとった。そやけど、わいの上には係長、課長、部長と三段階も偉いさんがおる。タネヤンは、今ではドイツの社長さんやんか。わいが直接言えるんは、あそこまでやろ」

私は、野心に駆られるあまり、彼の言葉にも耳を貸さなかった自分を反省することしきりだった。

翌日のサービス部長からのテレックスは、テストの全記録を点検したがそんな問題は起こっていないこと、したがってリコールはかけないから、その前提で現地対策に当たられたいこと、を伝えていた。

明石の彼らに対して「メ」の言葉を伝えるわけにもいかず、思案に暮れる私に、ロルフが今度は弁護士を連れてやって来た。弁護士は、「すぐリコールをかけるべきだ。もしもリコール前に転倒死が発生し、その原因がマシンにあり、と判決されれば、代表取締役たるあなたは殺人罪に問われることもありうる」と警告する。殺人罪か、だが、これだけはいかな私も独断専行するわけにいかないのだ。

ともかくZ1Rの出荷をやめることにした。ディーラーには、「在庫がない」と断らせた。私のごり押しのせいで、次々とハンブルクの港へ入荷しつつあるZ1Rを倉庫に眠らせておくのはまったく馬鹿げた話だが、人殺しの可能性ある商品をこれ以上売るわけにはいかないではないか。

電話、テレックスでのやり取りが繰り返され、私の堪忍袋の緒が切れかかった頃、やっと「メ」が出てくることになった。その朝、空港で彼を迎える副社長に、彼をひとまずホテルで休息させるよう言い含めておいたのだが、八時過ぎには「メ」がその巨体を現した。

「すぐタネヤンに会いたい、って聞かないんです」と副社長。

気配を嗅ぎつけてロルフがやって来た。

「ハロー、ヘア・アウゲン」と握手を求めている。ヘアはミスター、アウゲンは目で、「メ」のことはこの名前で紹介済みだったのだ。予定では、一休みした後、今日の午後打ち合わせをやり、明日、走行テスト、としていた。いかに「メ」でも、飛行機での疲れと時差、睡眠不足のままアウトバーンを走らせてはなるまい。

だが、一刻を争いたいロルフは、「メ」が出てきたのを幸い、「すぐテストを始めよう」と主張する。私が、「それは無理だ」と押し問答しているのを、ドイツ語など一言《ひとこと》も理解できないまま聞きかじった「メ」は、

「タネヤン、こいつ、すぐ走ろう、言うとるんやろ?」

「無理すんな。せめて一眠りしてからにせい」

するとその日本語のやり取りを正しく理解して、ロルフは、「急ぐんです」と主張する。

「メ」は、無言で上着を脱ぎ、ズボンを脱ぎ、革ジャンパー・つなぎに着替え始めたから、コーヒーを運んできた女性は肝をつぶして退散した。

「おい、本当に大丈夫か？」

「わいかてプロや。任しとき」

カリフォルニアやアリゾナのフリー・ウエイは散々走っているが、アウトバーンには初見参の彼のために、簡単な打ち合わせを行なった後、テストを始めた。

彼とウーリッヒがそれぞれZ1Rで走る。その後ろを、BMW525でフォローする。私がハンドルを握り、ロルフが買ったばかりのビデオ・カメラを構える。

二台はアウトバーンへ駆け上がり、徐々にスピードを上げた。ロルフは、マイクに向かって、英語で道路状況を説明し、「七〇km、八〇km、今一〇〇km」と時速を言う。

本来、役割を逆にして、私が日本語でしゃべるほうがいいにきまっているのだが、カメラ音痴の私にビデオ・カメラの操作など不可能だから、こんな役割分担になったのである。

フランクフルター・クロイツ（十字路）を過ぎるとグーンと交通量が減った。ダルムシュタットを通り過ぎて、直線のアウトバーンが南へと向かい、「一二〇km、一四〇km、一六〇km」とぐんぐんスピードが上がる。ウーリッヒと「メ」は、最左端の高速車線を二台並んで独占して走り続ける。

やがて、一八〇kmを超えて、私は自分の目を疑った。二台共、激しい横揺れを示し始めたのだ。それでも、「一九〇km、二〇〇km」と容赦なくスピードは上がり、横揺れはますます激しくなる。二二〇kmで私はロルフを肘でつつき、彼はうなずいた。打ち合わせどおりにパッシング・ライトの点滅を数回続けると、二人は減速し、車線を変え、やがてハイデルベルクの出口を降りて、とあるホテルの駐車場に入った。

ヘルメットを脱いだ「メ」は、うまそうに煙草をふかしながら、ウーリッヒに、

「お前、うまいこと乗りよる」と一言。それをまたウーリッヒはそのまま理解して、

「フィーレン・ダンク」、どうも有り難う、と手を差し伸べるのだった。

日独のプロ・ライダー同士には、通訳など不要のようだった。ロルフに言われて気が付いたのだが、もうお昼を過ぎている。ホテルの食堂へ入った。

ロルフが、「これで明石も納得するだろう」と言った。

「メ」は、

「そら、日本にはこんなあほみたいな道あらへん。高速テストでも、二〇〇㎞で数分続けられたらええとこや。それでも、ウォブル（横揺れする）兆候はわかる。

そのまま走り続けたら、ごっついウォブリングになるのはわかる。そやから、穴なし小町、言うたやないか」と煙草をふかしながらうそぶいた。

ロルフとウーリッヒは、この権威者のご託宣を知りたくてウズウズしているから、私は珍しく通訳を務めねばならなかった。だが、小野小町伝説の説明に窮して、「バラには必ず棘がある」というドイツの古いことわざでかわし、「美しい女性は危険だ」と付け加えると、二人は大いに納得したのだった。

「メ」は、また、「わいとこいつやから、ウォブッてもうまいこと抑えて走ったけんど、普通のお客ならまず助からんな。ドイツではＺ１Ｒなんど一切売らんこっちゃ」

と私がもっとも聞きたくないことを平気で言った。

簡単な昼食後、ロルフが、「タイヤ・テストを続けましょう！」と言う。他のタイヤを履けば、ウォブリンゲは起こらないのでは、と明石は推測しており、「メ」は替わりのタイヤを数種類持参していた。だが、日本時間、つまり「メ」の体内時計は今や夜から夜中にかかりつつあるのだ。

渋っている私に、「メ」が、

「やろ、対策がきまらんことにはリコールかけられへん。今日中にやってまお」

「本当に大丈夫か？」

「任しとき。天気はええし、楽なもんや。済ませてからゆっくり寝るがな。どのタイヤがええか、大体見当付いとるし、今度はそう時間かからへん」

日本人観光客に人気の高いハイデルベルク城はすぐそこだが、それをのぞくこともないままKMGへ帰った。

ビデオは映像も音声も迫力十分で、恐るべき横揺れ現象をありありと写し出していることを確認した。タイヤを履き替え、さらに数種類のタイヤを積んだバンをも従えて、再度アウトバーンへ乗り出すテストチームを私は見送った。ぜひともその日のうちに片づけるべき仕事があったからである。数時間後、まだ暮れるに早いドイツの夕刻、一行は帰ってきた。

ビデオを見た。「メ」の予測どおり、日本ダンロップのそのタイヤでは、二〇〇㎞を超えてもほとんどウォブリングを起こさない。

「タイヤ交換でリコールかけるんやな。そやけど、ダンロップでもなんでも、タイヤがちびれば必ずまたウォブル。こんなあほみたいなスピード出すところでは、Z1Rはあかんのや」

そのドイツで大量の在庫を抱えようとしている私に向かって「メ」は無慈悲千万なことを言う。

ロルフの手で、二本のビデオ・テープは航空速達便で明石に送られた。真夜中から早朝へかかる明石を電話で騒がせることもないから、私は、サービス部長と技術部長宛に、長文のテレックスを書いた。テスト結果を要約し、ビデオを参照されたい旨依頼し、一刻も早くリコールをかけられたいこと、リコールの指示はサービス、技術両部長連名のテレックスとされたいこと、など述べた。この際、私が勝手にリコールしたのではないことをはっきり残しておきたかったからで、これはサラリーマンとしての保身本能でもあった。

ロルフに、リコール手続きに関するすべてを準備するよう再度指示することをやった上で、

「『メ』よ。本当にご苦労さんやったな。晩飯は何を食おうか?」

「けつねうどんやな」

生粋の関西人たる彼として、疲れ果てて食いたいのはやはりうどんなのだろう。

彼と、ちょうど他の用件で出張してきていた技術部の課長を乗せて、私のBMWはフランクフルトの町なかへと向かった。その日本料理屋で、うどんとカツ丼を平らげ、ドイツのビールを「うまい、うまい」と何杯もお代わりした彼は、

「さ、じゃあホテルでゆっくり休むか」と勧める私に、

「冗談やない。まだ九時過ぎやんか。折角のチャンスやから、外人と一発やりたい」とのたもう。

「一発って、女か?」

「きまってるやん」

私は、この日三度《みたび》、「大丈夫か?」と確かめずにはいられなかった。

前日の朝家を出て以来、伊丹─成田─アンカレッジ─フランクフルトと、アンカレッジ空港での給油時間も含めて約二十時間を航空機と空港で過ごし、ほんの数時間しか眠っていないに相違ない。ドイツ時間の早朝フランクフルトに着いて、日本時間では夕方から夜へと向かう中でアウトバーンで時速二〇〇km以上の高速テストを繰り返して一睡もせず、そして今、日本時間ではもう夜明けを迎えようとしているのだ。

「別状《べっちょ》ない。明日はずっとロルフたちと一緒でそんなことでけへんから、チャンスは今夜だけやんか」

「ヘア・アウゲン」にほれ込んだロルフは、明日一日、彼をサービス部で預かり、夜はサービス部でパーティーを開くことを提案していた。そして明後日、彼はもう日本へ向かわねばならない。

「行くか?」と技術部に声をかけ、あいまいにうなずく彼も加えて、中央駅に間近いカイザー通りへ向かって歩いた。愛車BMWを、欧州でも有数の売春街でありマフィアが仕切る犯罪地帯でもあるあの辺に乗り入れたくはなかったからである。

街角のバーを示して、「終わったらここで待つこと」と二人に言ってひとまず解散した。しばらくしてそこをのぞくと技術部がぼんやりした顔でビールを飲んでいる。またしばらく待ったが、「メ」は一向に姿を現さない。私に言われて様子を見に行った技術部は、

「いるらしいけどわかんない。女たちが何やらしゃべって笑うけど、なんのことやら」

されば、と私自身、親愛なる「メ」のために腰を上げた。売春婦三万人を擁する、とされるこの辺は決して安全地帯ではないのである。小さな部屋が並び、ドアが閉まっているのは中で商行為の最中なのである。ドアを開けて客を呼んでいる女に尋ねると、彼女は、閉じられたドアの一つを指差して、ゲラゲラ笑いながら教えてくれた。

「彼は今度はあの部屋にいる。これで三度目だ。二度というのは今まで何回か例があったけど、続けて三度とは珍しい」

馬鹿馬鹿しくなって、私はバーへ引き返した。やがて現れた「メ」は、

「あー、すっきりした。これで二日分眠るでえ」と言って大あくびを連発するのだった。事実、彼は翌日昼過ぎまで熟睡したそうだ。

その後サービス部で、ロルフ以下との質疑応答で半日を過ごした。副社長が、「ぼく、通訳しましょうか？」と申し出たがやめた。「メ」はオートバイ関係の英語はかなり知っているようだ。アメリカの経験でも、技術者同士が技術の話を交わす場合、たとえ言葉に不自由があっても、手真似、足真似、それに図を描いたり物を示したりすれば十分に理解し合える。なまじっか通訳なんぞ入らないほうがいいのである。その日の午後は、ロルフ以下のサービス・マンた

ちにとって、とても有益なものになったようだった。

赤字との苦闘

「メ」が帰国して数日後、待ちに待ったリコール指令が来た。ロルフはただちに官庁への届け出を行ない、それに加えてご当地のルールどおり新聞、雑誌、テレビ、ラジオなどマスコミ各社への通知を行なった。それは各メディアで報ぜられ、そしてＺ１Ｒの販売はピタリと止まった。オートバイは遊び道具だ。危ないとわかっている遊び道具に大金をかける馬鹿はいない。リコールがオートバイ販売へ及ぼすマイナス効果は、自動車の比ではない。

この五月、もともと中旬から出荷を停止していたこととて、Ｚ１Ｒ販売は計画に対して大きく落ち込んだ。Ｚ１Ｒの利益を多分に見込んでいただけに、月次で欠損となった。

赴任した七六年の十一月以来、久しぶりの経験である。七六年の場合、十二月は頑張って黒字にしたし、年が明けてからは黒字の連続だった。だが、今回は、六月、七月ともっとも儲かるべき月に赤字が続き、八月は大赤字となった。私ががめり取ったＺ１Ｒは倉庫に溢れ、その金利と倉庫料、いわゆるキンクラも馬鹿にならなかった。

九月に入ると、副社長が今年の決算予想を持ってきた。楽観的、悲観的、二通り準備しており、これは私の要望どおりなのだが、楽観的なほうも、欠損が資本金を上回る債務超過状態を示していた。当然予想されたことだし、私自身覚悟していたところだが、それを数字で示されると、改めてショックだった。

「こんな馬鹿なことがあるか」と私は彼に八つ当たりした。

そして、「世界旅行」のシーズンが巡ってきた。副社長は中止を進言したが、私にはディーラーへの約束を破るのはできないことだった。中止すれば、債務超過をいささか軽くする効果はある。その代わり、そんなカワサキはディーラーの信用を失い、このドイツの地では二度と立ち上がれないだろう。十月、またディーラー会議を開き、計画を達成した二十ディーラーを壇上に上げ、私はにこやかに彼らと握手をし、彼らを引率してアメリカへと向かったのだった。Z1Rリコールのために計画達成ができなかった、という不満が一部ディーラーに生じたのは事実だが、そこまで構うわけにはいかなかった。

「世界旅行」から帰って、私は販売プッシュに本腰を入れた。七八年中になるべく沢山売って、債務超過を少しでも軽くしよう、というわけだ。いわばディーラーへの押し込みで、私としても好むところではない。マンフレッドは、「意味ない。フォン・ラーガー・ツー・ラーガーだ」と相手にしない。「倉庫から倉庫へ」つまりKMGの在庫をディーラー在庫へ移すだけ、の意味で、うまい表現だな、と感心した。

それまでのドイツでは、追い風に乗って、そんな無理をする必要もなかったのだが、もう体裁を構ってはいられない。マンフレッドは、関心がないだけでなく、こんな泥臭い仕事にはまったくノウハウを持たないから、私自身、六人に増やしていたセールスマンたちを集めて施策を練った。

「第四話」のカリフォルニアの後、私は、ニューイングランドからテキサスまで二十四州をカバーする赤字会社を引き受け、年式遅れの旧モデルを無理矢理さばくのに苦労した経験がある。世界一の激戦市場たる日本も折に触れて見てきた。これらの見聞から生じた手練手管を披露し、彼らの意見を入れて施策化した。十月から十二月まで三カ月間購入計画達成に対する特別ボーナス、数台パッケージで購入することへの特別割引、支払い延長、等々。

マンフレッドは興味を示さないが、セールスマンたちは、大いに関心を示したし、かような、いわば彼ら自身の課題について、ドンドン具体的な提案を行なう私に一段と親しみを覚えたようだった。これをマンフレッド名でディーラーへ通知する段になって、管理部長がねじ込んできた。かように一部ディーラーを有利に扱うことは、ドイツの公正取引法上、問題になりうる、という。だが、私は無視した。殺人罪に問われかかった身ではないか。今さら公正取引法なんぞに驚くかい。私が焦っていたのは間違いない。

我が社としては初めての施策だけにそれなりの効果はあった。立案段階から関与させたセールス諸君が「自分たちのプラン」として奮闘してくれたこと、オートバイ市場が上向きなこともあって、計画以上の販売、粗利益を上げることができそうだった。

「それにつけてもマンフレッドは駄目だな」と決めつけずにはいられなかった。今後、累損を早急に消すため、かような販売プッシュを、毎年、毎月、重ねていかねばなるまい。

それができない営業部長では困るのだ。

「川重」のこと

十二月に入って、その年の販売と損益の見通しが確定した段階で、私は、輸出部宛に、減資増資の要望を出した。資本金を一度減額し、それを増資して赤字を一掃する、こんな場合の常套手段である。今回の赤字、債務超過は、Z1Rの欠陥、つまりは商品の問題、メーカーの責任なのだから、減資増資によって早いとこ債務超過を解消してほしい、というのだ。

答えは「ノー」、だった。川重の本業たる造船や重機械類が、石油危機後の需要減と韓国などの追い上げではっきり斜陽化して、川重は緊縮ムードにあり　赤字子会社の増資に応ずるなど問題外、というのだ。

されば、と私は七九年事業計画を二案出した。第一案は、攻めて、増販して、利益を上げて、七九年、八〇年の二年で債務超過を消そう、とするものである。ドイツ市場が拡大を続けていること、Z1Rはなくなっても、カワサキはきわめてドイツ向きの商品構成であること、ディーラー開拓も順調に進み販売力が増大していること、より、私はこれを推奨し、「実現の自信あり」としていた。いうなれば敵中、中央突破案である。

第二案は、経費を削って、販売は増やさず、毎年少しずつ利益を出していくもので、「これでは累損解消に十年かかり、ドイツのKMGには不適」としていた。オートバイを知らない輸出部長が、常識的な第二案をよし、とすることが予想されたから、事業部長、本部長に直接電話攻勢をかけ、「ここはタネサンに任せようではないか」と、中央突破の第一案で行くことになった。

輸出部長がぶんむくれたであろうことは容易に推察できたが、自分が作った赤字を自分で、一日も早く消したい一念の私としては知ったことではなかった。

ある旧婚旅行

川重詣で

年が明けて間もなく、輸出部長から日本出張命令が来た。債務超過を招いたにつき、本社各部門へのあいさつ、根回しのため、という。気が進まなかったが、あんまり反抗するのもまずいし、正直のところ、家族に会いたいのも事実である。

川航入社以来十九年、新川重発足後ちょうど十年経っていたが、神戸のこの本社ビルへ足を踏み入れたことは数回しかなかった。彼は、事前に注意事項のようなことを述べたようだが、私はろくに聞いていなかった。まず関連事業部なる部門へ案内された。

会議室に部長以下が居並び、私との名刺交換が済むと、造船時代の昔話がひとしきり盛り上がった。それが一段落して、さて、と本題に入るや、輸出部長は起立して、直立不動の姿勢で、「この度は赤字決算のやむなきに至り、債務超過にまでなりまして、まことに申し訳ございません」と頭を下げた。みんなの視線が私に向いたが、私は黙って座ったままだった。初対面の連中、オートバイとはなんの関係もない。増資をやってくれたのならともかく、それもやらない彼らにわびる必要なんぞどこにある？　赤字の原因を質問されて、私がＺ１Ｒの問題を述べると、部長が、「だけど君、オートバイばかり十年以上やってるんだろう？　それ位、予測できるはずだ」と言った。

私は馬鹿馬鹿しくなって、その後一言も発言しなかった。輸出部長は、「今後、月次報告書を毎月送りますから、よろしくご指導のほどを」と年若い係長たちにまであいさつするのだった。私は、川航とは様変わりのそんな「本社」猿芝居風景に瞠目するのみだった。

部屋を出ると、輸出部長は私のそんな態度を激しく責めた。次の資金部では、第一勧銀から出向している部長に、先の興銀―ドイツ銀行事件についてわびを入れた。広報部では、ベルリン市長室からの電話に関して不注意をわびた。と言ってもわびたのは彼で、肝心の私はわびる必要を認めないまま、仏頂面を続けるだけだったから、この本社参りがＫＭＧのプラスになったことはないだろう。

かような官僚的体質が造船の、川重のものであるなら、早いところそこから脱出しなければ、単車まで腐ってしまう、と改めて痛感した。輸出部長は、私に本社での人脈を誇示して、私を取り込む考えだったのだろう。だが、どだい本社など認めない私にそれは通用せず、彼と私の関係はむしろ悪化したようだった。

今度は詐欺罪？

ドイツへ帰ると間もなく、管理部長が弁護士を連れてきた。債務超過の決算をしたら、それを最寄りの裁判所に届けねば、という。

「届けたらどうなる？」裁判所はそれを日本の官報のような公文書で公開する、という。

「我が社が債務超過であることを満天下に公表するんですか？」、そのとおり。

「届けなければ？」

「訴訟に巻き込まれ、裁判所に最近決算の貸借対照表の提出を求められ、それが債務超過で届け出なしなら、代表取締役たるあなたが詐欺罪などに問われる恐れがある」

今度は詐欺罪か。商売をやっている以上、いつも訴訟に巻き込まれる可能性があるのは事実だ。現に、デュッセルドルフなどにチェーン展開している例のピータース氏は、昨年末の販売キャンペーンで、その三店まとめて購入することで特別な割引を求め、それを私が拒否したことを怒って、訴訟をちらつかせていた。

ドイツは、二回も世界大戦に敗れて、その度に大変な経済危機に直面しているだけに、債権者保護の思想が強く、会計原則などもきわめて保守的だ。これもその一貫なのだろう。

しかしながら、カワサキの子会社であり現に商売を継続しているのに、債務超過を公表するわけには参らないではないか。詐欺罪覚悟で、私は付き合うことをしなかったのだった。

七九年に入っても販売は引き続き好調だった。ディーラー作りも順調で、もう百店を超えていた。私が赴任した七六年夏には十五店だったから、一週間に一店以上の猛烈なペースで開設してきた勘定になる。

私の頭痛のタネはZ１R在庫だった。欲張って抱え込んだ千五百台の多くがデッド・ストックになっている。全然売れないから、やむなく総合カタログからも外した。

唯一幸いなことに、リコール効果が他国へまで波及することはなかった。ドイツ以外の欧州諸国は、石油危機後時速一〇〇㎞を速度制限にしている。アメリカでは六〇マイル（九六㎞）、ごく一部の州の限られた地域で八〇マイル（一二八㎞）だ。こんなオートバイを買う人は、一五〇㎞以上に挑戦することもあるだろうが、この速度制限下では、たとえそんな速度に達しても、ウォブリングが始まる遥か以前に減速しなければならない。だから、他国でウォブリングが問題になることはないままだった。当然、私はそれら他国への転売を考えた。

古巣のアメリカは、仕様の違いがいろいろあり、それらを手直しするコストと船賃を考えれば、買ってもらうのは絶望だった。そこで、まず欧州諸国に話した。だが、これら諸国でも、Z1Rの売れ行きは期待ほどではなかった。彼らはそれをドイツのリコールのせいにしたがった。ドイツの価格が高いのは、このクルマを大量に仕入れるには有利だったが、仕入れコストも他国より高いから、それを売る段になると、価格交渉が大変だった。面倒なネゴシエーションの末、やっと数百台をさばいた。

救いは南アフリカから来た。アパルトヘイト末期のその頃、同国経済はバブルの様相を呈しており、オートバイ市場も大躍進を続けていた。仕入れコストギリギリまで値引いて、ここでも数百台、まとめてはけた。ドイツ赴任までの間、欧州班で各国と馴染みになり、南アフリカまで訪ねたこともあるのが、この際助けになっていた。

年末になって、ハンブルクの小さな、聞いたこともない商社から、イランへ輸出する話が舞い込んだ。アヤトラ・ホメイニの革命で、その年の一月にパーレビ王朝が転覆し、テヘランではアメリカ大使館が占拠される騒ぎの最中である。

東京銀行へ問い合わせたが、イランとの貿易は一切途絶、同国から輸出信用状（ＬＣ）が来ても扱わない、とのことだった。

売りたい一念の私は、一人でハンブルクへ出向いた。小さな部屋に、国籍不明、ピストルでも懐にしていそうな逞しい感じの男と女性一人だけ。このようなやばい取引に習熟している風だった。五十台ほしい、という。私は、ハンブルクの倉庫搬入と引き替えに、全額ドイツ・マルクで払ってもらうことを条件とした。男と合意した価格は、コストすれすれだった。入庫以来一年近いから、その間の金利、倉庫料を見込めば少し損だ。だが、これで因縁のＺ１Ｒをほぼ全数厄介払いできる。私は承諾し、五十台ハンブルクへ出荷し、代金は全額回収した。

その五十台がいかにしてイランへ渡り、どんなお客に乗られたのか、アフター・サービスは誰がどうやったのか、一切わからないままだし、その男と会うことも二度となかった。昔から世界を相手に商いしてきた欧州の港のすごさを痛感した次第だった。東京銀行は、「あなた、商社よりもがめついですね」と感心してくれた。

初めての不眠体験

私は、「時差を知らない男」と言われていた。欧州各国から南半球の国々まで回ったが、一杯飲んで寝付けば現地時間の翌朝まで熟睡して、ただちにバリバリ働いたからである。

それが、フランクフルトのアパートで、夜中に目覚めること毎夜となった。おかしな夢を見る。わけのわからない数字が頭の中をグルグル回ることが多い。目覚めて赤字解消の名案を思い付き、しめた、とばかりメモしておいたりするのだが、翌朝見てみると、ろくな案ではない。芸術や理論物理学のアイデアならともかく、ビジネスの世界では、やはり真っ昼間、会社で、みんなと一緒に考えるしかないようだった。

殺人罪こそ免れたようだが、詐欺罪だ、公正取引法違反だ、と脅かされるとやはりこたえるし、自分の会社を債務超過にしたことへの責任感と屈辱感、計画以上のペースで再建を果たそうという焦り、などが原因なのだろう。

債務超過になると、例の関連事業部の「指導下」に入るもののようで、毎月、わけのわからない文句と諸々の資料請求が届いた。この関係は万事副社長に任せていたが、こんなこともイライラを募らせていたのだろう。夜中に目覚めて眠れないまま、ウイスキーを瓶から直接がぶ飲みしては死んだように眠ることのみ重なるのだった。

明石出張の際、工場の診療所で診断を受けたら、肝臓の異変を指摘され、「食餌療法が必要」とのことで、望ましい食事一覧表を渡された。だが、チョンガーとして外食ばかりの身に食餌療法は無理な話で、アパートにウイスキーを置かない、としただけが対策だった。

七九年六月末のバランスシートは、計画どおり若干の黒字を示していた。十月以降、オフ・シーズンのせいで赤字が続いても、十二月末の決算で、まだ赤字こそ残るが、債務超過は解消することが明らかとなった。事業計画第一案実現である。いささかホッとしているところに、輸出部長からまた帰国命令が来た。六月仮決算と本年決算見通しを関連各部門に説明せよ、というのである。

私は、あんな猿芝居にふたたび参加する気はなかった。また、以下に述べるように、ドイツでなすべき事どもが山積してもいた。そこで副社長を派遣した。一週間後、彼は消耗しきった面もちで帰ってきた。彼も川重本社訪問は、かの興銀―ドイツ銀行事件以来である。

「債務超過となると、まったく破産会社扱いなんですね。それが、たった一年か二年で健全化するなんて、まずそれを全然信用しないんです」

川重の関連会社一般ではそうなのだろう。だが、我がKMGはそれを実現しつつあるではないか。信用してもらえないのは残念なことだ。

「六月末で黒字になっているのが本当なら、従業員なんか全員クビにして、タネサンとぼくだけが冬ごもりして経費をほぼゼロにするなら、販売がこのとおりにいかなくても、本決算で債務超過は解消するから、そうしろ、なんて言うんです」

そんなことをすれば、折角のディーラー網は消えてなくなり、カワサキはドイツから撤退することになるのがわからないのか。

「経理部の何とかいう課長が、ぜひ忠告したいことがある、と言うんで行きました。『在庫が諸悪の根元だ。在庫を一切持たず、ディーラーから注文を受けて、それを明石に取り次げ』ってんですがね」

造船や機械は受注生産だから、そのセンスだろう。だが、ディーラー経由で一般大衆に売り広めるオートバイ商売では、将来、ディーラー群と生産ラインをコンピューターで直結する体制ができても、神戸港と欧州の間に二カ月近い船便がある限り、それは夢に過ぎない。

「大衆商品の販売、ということが全然わかってませんなあ」と彼は嘆くのだった。

「カワサキ」の、明石の英雄たりし「タネサン」も、川重本社では、なにかと問題ばかり起こし、しかも「川重」のルールを無視してはばからない傲慢な問題児に過ぎないようであった。

ピーター・ドラッカーは、「お客がビジネスを規定する」と言う。政府、会社をお客にしている川重と、一般大衆相手のカワサキ・オートバイとは、ビジネスとして全然異質なのである。今にして思えば、私はその相克の中にあったのだ。私たちの時代においての相克だったが、その後、この両者はうまいこと折り合いを付けて今日に至っている、と申すべきであろうか。私たちと一緒にアメリカ市場開拓に当たったオートバイ出身者が川重社長になり、川重の原点だった造船部門が別会社になっているのだから。

三菱自動車が、早くも一九七〇年に三菱重工業から独立して別会社になったのは、この点、正解だった。だが、その中に「重工業」のＤＮＡが色濃く残ったままだったため、クライスラーやダイムラーなど海外自動車メーカーとの協業はうまくいかなかったし、お客よりは親会社ばかり向いての対応が大量のリコールやリコール隠しとなったのだろう。財務面でも行き詰まって、再び「重工業」傘下に入ることで延命を策しているようだが、これは問題解決の観点からすれば本末転倒、と思うが、いかがであろうか？

マンフレッド解任

販売シーズンが終わり八月に入って間もなく、マンフレッドを呼んで一枚の書類を示した。「一九七九年九月一日付組織表」と題するそれは、四部長制をとることでは従来を変わらなかった。ただ、「営業部長」の欄には、兼務として私の名前が出ている。

「私はどうなる？」と怒鳴る彼に、私は「社長」たる私と横線で結んだスタッフ職として「社長補佐、マーケティング」の欄を指差した。彼の名前はそこにある。

「サム、これは一体どうしたことだ？」

と口ひげを震わせて怒鳴り上げる彼に、私は冷静に言った。

「営業部長はしばらくの間私が兼務する」

「なぜだ？」

「君は私を補佐して、広告宣伝と広報に専念してほしい。ちょうど副社長がこの位置で私を財務で補佐しているように」

「なぜだ？」

「おかげでディーラーは百三十店を超えた。セールスマン六名を率いてこれを指導するのは大変な仕事だ。それが営業部長の仕事なんだ。だが、君は広告宣伝と広報のほうを得意とするから、そちらに専心してもらいたい。新しい営業部長が来るまでしばらくの間私が営業部長を兼務する。なお、従来営業部にあったクルマの受注、出荷機能はハンスの部に移し、これを部品部から物流部に昇格させる」と物流部を指で示した。

新営業部長はディーラー開拓とその指導に全力を傾注してほしいこと、ハンスが物流全般を扱うだけの能力を示しているのを認めたこと、による。

「では私の部下は？」

広告は彼自身とその秘書でやれるし、広報、実質的にはレース活動事務局は、若い男性一人でやっていた。それまで営業部長として、物流も含めて十五名の部下を抱えていた彼は今後二名しか部下を持たないことになる。最後に、

「で、新しい営業部長はドイツ人かね？」と尋ねた。

「そうだ」と答えた。

日本人ならともかく、他のドイツ人の営業部長と交替させられるのは、見栄坊の彼として耐え難いことだったのだろう。身を翻して立ち去った彼は、すぐに辞表を持参した。

「八月一杯、残った休暇を全部使って休む。八月末で辞める。もう会うこともないだろう」

ドイツではクビにするのは大変なのだが、彼自身が退職を希望する以上、これで一件落着、まずはシナリオどおりの展開である。

実は、私は債務超過解消の目処をつけたところで、ドイツを引き揚げることを真剣に考え始めていた。赴任当初、三年間勤務を目処としていたのだが、その三年は過ぎ去りつつある。日本に置き捨てたままの子供たちは、高校三年、中学三年、小学六年になり、進学がらみで一番大変な時期を迎え、妻は一人で大変だ。いかに仕事気違いの親父でも、そうそう無責任なことは続けたくない。

もしも私が続投するのなら、今までどおりに、マンフレッドは広告、広報を主体に、カワサキ・ドイツの顔として活動し、私がそれを補完する形でディーラー関係を処理して行けばよろしいかも知れない。だが、これ以上ディーラー数が増え、営業面の比重が高まれば、こんなやり方では私の社長本来の仕事を阻害することにもなりかねない。さらに、私が帰国した後を考えると、後継者が、セールスマンやディーラーを直接指揮して進める私のやり方を継承するのは、言葉の問題一つとっても、まず難しい。であるなら、私の時代に、ちゃんとした営業部長を迎え、カワサキ・マンとしての訓練を修了させてから、後継者に引き継ぐべきだろう。かくて、マンフレッド解任は、帰国を控えての準備第一段階でもあったのである。

人材銀行が送ってきた候補者たちの中からフリードリッヒを選んだ。アメリカで全国展開している自動車修理工場チェーンの「ワン・ツー・スリー」をドイツでやって成功させている。修理工場チェーンの開発、指導とオートバイ販売網の開発、育成とは共通点が多い。言い出したらテコでも動かぬ頑固さもうかがわれたが、マンフレッドと正反対の、ディーラーだけを考えるアプローチ、強力なリーダーシップに期待した。

「ワン・ツー・スリー」のほうは、まだ元気な父上がやられるから問題なく、彼は、市場がグングン拡大して話題になることも多いオートバイ業界にチャレンジしたい意向だった。

給料はマンフレッドの五割増しとしたが、それでも彼は不満だった。もともとマンフレッドの給料が営業部長としてはきわめて安く、私自身彼を営業部長としては大して評価しないまま、据え置いていたからでもある。

彼は九月からスタートし、すぐにケルン・ショーがやって来た。オートバイ、自転車のショーとしては欧州最大で、一年おきに開かれる。ショーのカワサキ・ブースで行なわれたフリードリッヒの記者会見は、記者諸君にきわめて不評だった。オートバイのことを知らな過ぎるし、話が高圧的だ、というのである。マンフレッドはこんな点では評価が高かったし、記者諸君の評判もよかったから、それとの対比もあるのだろう。私は気にしなかった。彼のそんな点を買ったわけではないし、彼がどうしても不得手なら、その面は私か後継者が代わりやすいからである。

やがて二、三のディーラーから苦情の電話が来た。ディーラーに対して、態度も言い方も傲慢過ぎる、というのだ。これは気にせざるをえなかった。フリードリッヒがスタートしたとき、もうセールスマンたちに直接接触するのはやめよう、と誓ったばかりだったが、事務所で見かけた数名を私の部屋へ呼んだ。

「今度のボスはどうだい？」と尋ねたが誰も答えない。みんな、新しい部長をはばかっていることが伺えた。そのうちに、一人が、「我々はカワサキが好きです。あなたを尊敬しています。あなたがおられる限り、どんなことがあっても一生懸命に働きます」と答え、一同黙って頷くのだった。これは暗黙のフリードリッヒ否定である。

思案に余って管理部長を呼んだ。彼は、職掌がらもあって、控え目なこと、否定的なことしか言わないし、「サム」、「マンフレッド」という例のファースト・ネーム付き合いにも参加しようとしない。「面白くもない奴だ」と私のほうで無視する傾向もあったのだが、このところ、苦境打開の道を求めて数回話してみて、彼が会社内のいろんな問題について、きわめて公平で常識的な考えを率直に述べることを知ったからである。

私の問いに対して彼は、

「あの人は、長い間オーナー経営者としてやって来ました。だから、あなたが好もうが好むまいが、自分の思うとおりにしかやりますまい」とだけ述べた。

私はギョッとした。実はそれが私自身最大の危惧だったからである。フリードリッヒに対しては、数日かけて引継をやっていた。方針的なことに関してくわしく説明し、「なんでも質問があれば」と求めたが、彼は「別にない」と言っただけだった。

「最初の三カ月間、わからないこと、判断に迷うことがあれば、いつでも遠慮なく来てほしい」と言っておいたのに、もう一カ月近く、全然来なかった。そして、いろんな事項を、彼が独断でドンドン処理していることはわかっていた。

「任してくれ。全部わかっている」というところだろう。最初からこうでは、それも採用した張本人たる私に対してこうでは、後継者の下《もと》での態度は思いやられる。社長に断らず、その方針を確かめることもせずに独走されたのでは、ＫＭＧの営業部長は務まらない。

私は彼を呼び、「折角だけど、君とカワサキとはうまくいかない。辞めてほしい」と伝え、彼は九月一カ月分の給料を懐に去っていった。ドイツでは、雇用開始後六カ月間の試用期間中は、雇ったほうも雇われたほうも、問答無用で解約することができるのを利用したのである。

ちょうどそのとき、明石の輸出部長から電話があった。マンフレッドが明石の関係者たちに辞任挨拶状を出したのが届いて大騒ぎになっているのだそうな。

「幹部の任免は事前に断ってほしいな。突然本人から挨拶状をもらったのでは、事業部長や本部長に尋ねられても、説明のしようもない」

だが、アメリカでも、そんな人事を日本へ断った試しはない。断ったって、日本では判断できないことだからである。

「で、後任は?」

「一人来ましてな。だが、どうもうまくないから、もう辞めてもらいました」

彼はただ絶句するだけだった。終身雇用、年功序列を金科玉条とする当時の「川重」としては絶句するしかなかったろう。八月末にマンフレッド辞任、九月一日付けフリードリッヒ就任、同月末同人辞任、というゴタゴタは、ドイツでも異常をきわめた事態だった。ディーラーに対しては私名の文書で、その都度これらの異動を知らせただけだった。フリードリッヒが定着することを見きわめて、新年のディーラー会議で正式に紹介する予定だったのだが、すでに多くのディーラーが彼と電話で話しているだけに、「一体どうなってるんだ?」と私への問い合わせも多かった。

債務超過解消の目処こそ付いたものの、私自身が巻き起こしたこの騒ぎの渦中で、夜中に目覚める癖は直らないままだった。

出直しの日々

九月末の日曜日、例のシュバインハクセの昼食の後、中心街ハウプトバッへの真ん中にあるカテリナ教会へブラリと入った。

「第一話」にあったとおり、私はルーテル系ミッション・スクールで育っただけに、ルーテルの国ドイツはプロテスタントだろう、の思いこみがあったのだが、実際に生活してみると、人々の暮らしの隅々まで支配しているのはカトリックの伝統なのだった。観光名所になっている教会もすべてカトリックである。ケルンのドームなど、そのいくつかをのぞいてみて、私はいささか持ち合わせていた信仰心を完全になくした。

そこに飾られている金銀財宝のおびただしさ、これだけの富が信仰心と善意だけでかき集められようはずもない。組織的な収奪が繰り返されたにきまっているのである。だから、教会で祈る気は毛頭ない私だが、思案に余った心理状態のまま、なんとなく足を踏み入れたのだった。

このカテリナ教会は、ゲーテに洗礼を授けた歴史をも誇っている。日曜の午後、暗いその中ではパイプオルガンが響き、熱心に祈りを捧げる人々の姿もあった。私は、一人椅子に腰を下ろし、ぼんやりとステンドグラスを眺めた。

債務超過、「川重」とのゴタゴタ、営業部長解任騒ぎ、あんなにも順調だった私のオートバイ屋人生がこんな様《ざま》になったのは一体なぜだろう？　「メ」の、穴なし小町の忠告に耳を貸さなかったからだ。もし素直に聞いていれば、ドイツの責任者としてやれることはあった。量産車を一台空輸してもらい、ウーリッヒにテストさせればバッケルン（横揺れ）は発見できた。その上でドイツ向けの出荷を延期させ、その間にタイヤ・テストをやってから、適当なタイヤを履いたZ1Rを輸入していれば、事故もリコールも債務超過も在庫もなしで済んだはずだ。したがってそれに伴う「川重」とのゴタゴタもなかっただろう。

じゃあ、なぜ「メ」の忠告が耳に留まらなかったのだろうか？　私は暗い教会の中で考え続けた。アメリカへ行ったときは、なにもわからなかったし、謙虚に人の言うことに耳を傾けながらやるしかなかった。Z1もそれでまとめた。だが、今度は、明石でチヤホヤされ、本など出して知名度が上がり、自信満々の反面、うまくやってやろう、の煩悩にとらわれていた。だから、「メ」の声も聞こえなかったんだ。

私は、暗い教会の中で、「耳ある者は聞くべし」という新約聖書の聖句を久しぶりで思い出していた。私の煩悩こそ、そして聞く耳を失っていたことこそ諸悪の根元だったのだ。あの輸出部長にしたって、不案内なオートバイ部落で一生懸命努めている。明石に足場を持たず、本社しか頼るものがない以上、あんなになるのもやむをえまい。それに対して、子供のように反発したりいじめるのではなくて、もっと彼の立場も考えてやるべきだったな。教会を出ると、驚いたことにもう夏の日がかげりつつあった。思わず数時間をそこで過ごしていたのである。

翌朝、「グーテン・モルゲン」、おはよう、と顔をのぞかせた管理部長を呼び込んだ。

「クラウスを営業部長に登用しようと思うんだけど」

彼はしばらく考えた末、

「内部登用なら彼しかないですね。だが二十九歳ですよ」

「二十九歳ではまずいかな？」

「日本ほどではないでしょうが、ドイツでも年齢は一つの基準です。私はこだわらないけど、物流部長、サービス部長は、昨日まで一セールスマンだった若僧を自分達の仲間として受け入れるのに抵抗するでしょう。ディーラーの一部もそうでしょう」

「営業部内は？」

「彼の実績からして、これは問題ない」

私がクラウスに着目した最初は、前年末、セールスたちを集めて販売プッシュ策を練った際だった。もっとも積極的にアイデアを出す。私の案にも遠慮なく批判や疑問を呈する。

そして、その策を用いての販売計画達成率でも断然トップだった。年齢は一番若いが、もともとセールス陣は若手ばかりで固めており、そのセールス仲間を引っ張るリーダーシップもあって、兄貴株として一目置かれているようだった。一緒にディーラー訪問をしてみて、ディーラーと親密でありながら、要求すべきことは明確に述べて貫徹しているのが印象的だった。フリードリッヒのような出来上がったプロを外部から招くよりは、若いクラウスをカワサキの営業部長として手作りで育成するほうを私は選んだのである。

「部長諸君や一部ディーラーの懸念は、私が彼を全面的にバックアップすれば解決できるのでは？」

「そのとおりです。クラウス営業部長が軌道に乗るには、あなたの支援と、あなたが彼を支援しているのをみんなに示すことが肝心です」

　私はクラウスに昇進を告げた。思いもかけないこととて、彼はまずびっくりし、次に考え込み、やがて、頬《ほほ》を紅潮させて、「挑戦します」と答えた。

　その場に副社長と三部長を迎えた。なるほど、私が四十四歳、副社長は四十歳、そして三部長はいずれも四十歳代半ばだから、確かにクラウス部長は飛び抜けて若い。果たせるかな、ハンスとロルフは拒絶反応をあからさまに示した。それに対して、私は彼らの全面協力を求め、彼らは不承不承うなずいた。後はクラウス自身が営業部長としての実績を示すことだ。それについては私は楽観していた。

　ただちにディーラーへの通知状を発送し、その中のうるさい連中には電話で了解を求めた。その夜、営業部には全セールスと女性たちが集まり、クラウスを囲んでビールを飲んだ。私も招かれた。マンフレッド、フリードリッヒの時代にはなかったことで、営業部のみんなが新部長を歓迎していることがわかるのだった。

　私は、毎週月曜日の朝七時から九時まで彼と過ごすことにした。また、なんでも遠慮なく尋ねるように言い、事実彼は最初の数カ月間、うるさいほどにわたしの部屋を訪問していろいろと問いただすのだった。

　クラウスが軌道に乗ったところで、私は広告会社の切り替えをやった。

　創業以来、つまり私の赴任前から、「ヤング・エンド・ルビカム」というアメリカの大広告会社のドイツ法人に頼んでいたのだが、私は最初からそれに懐疑的だった。フォード、プロクター＆ギャンブルなどアメリカ大企業ドイツ法人の巨額の予算を数多く扱う同社が、我がＫＭＧの雀の涙ほどの予算に真剣に取り組むはずはないからである。だが、見栄坊のマンフレッドは同社にこだわり、フランクフルトの中心にある同社の豪華な会議室をディーラーとの会合に使うことなどもあった。しかし、ＫＭＧの広告予算が小さいまま、それでもディーラーが百三十を超えた今、広告の主体は各ディーラーが各地で展開する地域広告の指導と援助となるべきだ。こんな泥臭い、広告売り上げに結び付き難い仕事を同社に期待するのはどだい無理なのである。

私とクラウスは、ホンダ・ドイツのマーケティング部長を長年務めた男が新しく始めた小さな会社に、広告、広報、まとめて依頼することにした。彼はディーラー事情を知り抜いている。また、創業後間もなく、ほぼカワサキ専門でそれに全力投球すべき立場でもある。

いつの日か、私の後継者が、メディアを使いまくって広告できるだけの予算を持つような日が来れば、そのときはまた大広告会社を頼めばいいのである。

トニー・マングは七八年に続いて七九年も圧倒的な速さでドイツ・チャンピオンとなった。もうドイツ国内には敵なく、八〇年からは本格的にグランプリに参戦し、世界チャンピオンを目指す旨公言していた。私の念願がかない、知名度向上の目的も達して、結構なことである。反面、ＫＭＧのレース経費は絶望的にふくらみ続けていた。レーサーとの契約では、レースに勝てばボーナスを支給する例で、連戦連勝の彼への支払いが膨大な額に上っていたのである。彼はグランプリでも勝てるだろう。すると、欧州各国転戦の費用と合わせて、ＫＭＧとしての負担限度を超えることになる。

七八年の債務超過後、本社と明石からレースなどやめるようやかましく言われながら続行してきた私だが、八〇年以降、そんな重荷を後継者に背負わせるわけにはいかない。グランプリは一販売会社ではなくメーカーが取り組むべき分野だから、私は勿論明石にそれを求めたのだが、予算に限りある彼らの承諾を得ることはできないままだった。私はトニーに契約解除を言い渡した。二年連続ドイツ・チャンピオンを、そしてまさに世界チャンピオンへ挑戦しようとしているドイツの英雄を、クビにしたのである。

彼は激怒し、新聞、雑誌は、この分からず屋の日本人、つまり私を総攻撃した。『ダス・モトラード』誌は私にインタビューを求めた。私は、「アッレス・オーダー・ニヒト」、レースにあってはオール・オア・ナッシングで、中途半端はありえないこと、今までトニーを国内レースで全面バック・アップしたが、グランプリでそれを続けることはできないから撤退すること、を述べた。それに対して、少年ファンから私あての抗議の手紙まで舞い込む騒ぎだった。

結局、トニーは、カワサキのマシンを借り、部品の提供を受けて、個人でグランプリに挑戦し、首尾よく八〇年に世界チャンピオンになった。ドイツ人としては久しぶりの快挙で、彼は本当にドイツの英雄になった。その実績を買われて、八一年から川重の契約ライダーとなり、さらに勝ち続けることになるのだった。

八〇年末、川重との契約のために初めて来日したトニーは、オートバイ関係者とカワサキの人々から大歓迎を受けた。私はもう帰国していたから、彼は、この懐かしくも憎らしい男を探したそうだが、私は折悪しくオーストラリアへ出張していて会うこともできなかった。段取りだけして、憎まれ役を務めて、世界チャンピオンの晴れ姿は見ることもない、これが先駆者の宿命なのだろう。

話は前後するけど、クラウスの奮闘で、販売はほぼ計画どおりに推移していた。七九年決算で、早くも債務超過を解消できるのは間違いない。この十二月に後数百台上乗せできれば、バランスシートの赤字が完全に消える。十二月末の本決算で赤字を消すことができれば、夜中に目覚めることもあるまい。私は、クラウスを呼んで数百台の販売上積みを要求し、彼はそれを不可能、とした。

「専売制をやめればいいじゃないか」

ホンダ、ヤマハの大手ディーラー数社から、カワサキを売りたい旨の打診が来ていた。どうせいつかはやめるべき専売制ではないか。今やめれば、それだけで年度中に数百台の上乗せができ、赤字とおさらばできる。だが、クラウスは血相を変えた。

「それはできません。それは販売戦術の一つだ。いつでも変更できる」

「違う。専売制はカワサキのドイツ社会に対するコミットメントだ」

「できません」

彼は頑強だった。彼が去った後、私はしばらく考えた。赤字は一日も早く消したい。だが、戦術変更をするにしても、年末あわただしい中、わずかの台数ほしさにやるのは適当でないのではないか？　やるならば、新年度の方針の一つとして、全ディーラー、全ドイツに対して発表すべきである。一体、何故そんなに焦るんだ？　私はハッとした。また煩悩ではないか。少々早い目にいい格好したいだけじゃないか。赤字解消は計画どおりに来年でよろしい。今クラウスを専売制撤回で追い詰めれば、彼は必ず辞める。折角育ちつつあるカワサキの営業部長が消え、しかもカワサキ・ドイツとしては三カ月間に三人の営業部長を失うことになる。私は営業部へ行った。もう夜七時を回っていて、そこではクラウスが一人だけ机に向かっていた。

「クラウス、考えを変えた。君が今年の販売計画を達成する限り、専売制は変えない」

彼は飛び上がって握手を求めた。そして、このアルコールを一切受け付けない男が、冷蔵庫からビールを取り出し、二つのコップに注いで乾杯した。

「サム、有り難う！　計画は絶対に達成するよ！」

彼のドイツ人らしい頑固さが専売制を守ったのだった。彼が計画を達成し、七九年末で債務超過が解消したのは言うまでもない。

実は、この苦境の中で私を支えたのは、カテリナ教会ではなくて司馬遼太郎著『坂の上の雲』だった。司馬ファンの私は彼の本は残らず読んでいたのだが、ちょうど私がドイツに赴任した七〇年代は、この小説が単行本として次々に刊行された時期だった。夜中に目覚めて、ウイスキーをあおりながら、「それでも、日露戦争に比べればまだましだ。日露戦争も勝ったんだから、債務超過ぐらいなんとかなるわい」と考え、自分を励ます日々だった。だから、日露戦争は、私にとっては、百年前のお話ではなくて、今日を生き抜く力の源泉だったのである。この体験が、「最終話」で退職後日露戦争研究に取り組み、執筆や講演をすることに結びついていく。

駄目おやじ

一九八〇年の正月は久しぶりに明石の自宅で迎えた。しかし、その自宅は、決して住み心地のいいものではなかった。三年間で、子供たちはそれぞれ確実に三年の成長を遂げていた。高校三年の長女は、この年頃の特徴だろうか、突然現れた男性たる父親に反感のみ示した。中学三年の息子は、反抗期真っ盛り、というべきか、陸上競技部で忙しい、とやらで、私のいる家に寄り付こうともしなかった。彼らにしてみれば、父親抜きの生活を確立しきっているのだ。たまに電話で一方的にしゃべり、勝手に時々姿を現しては説教のみ試みる父親なんて、煩わしい限りなのだろう。ドイツにもカワサキの販売網を築き、債務超過も一年で解消して、会社では「さすがにタネサン」の評価が高い私だが、進学を控えてもっとも難しい時期の子供たちを持つ父親としては、さんざんのの体たらくであった。

小学六年の次女だけが、こんな私と遊んでくれるのだった。

なお、診療所での検査は、肝機能が正常値に戻っていることを証明してくれた。

私は輸出部長に、ＫＭＧが自前の土地を取得して自前の社屋を建てることを提案していた。カリフォルニアあたりでは賃借ビルで仕事するのが普通だが、ドイツには、どだい会社向けの賃貸ビルが少なく、だから、私が赴任したときの二十名足らずから倍増した従業員たちは、四つの建物に別れて操業していた。私はそれを、「蛸足体制」と呼んでいた。非効率極まるし、ホンダ以下みんな自社ビルにある業界で、ＫＭＧだけがこんな様《ざま》では、ディーラー諸君が、「カワサキは本当にドイツに根を生やす気があるのか？」と疑うのも当然だった。私は現社屋群にほど近く開発中の工業団地に目を付けて、非公式な折衝を開始していた。

「タネサン、それは難しいぞ。造船不況の中で川重は減量経営の真っ最中だ。海外資産の新規取得なんて、まず通らない。それに、アメリカはともかく、ドイツより一足先にスタートしたイギリスもまだ賃借ビルだからな。」

一方、なんとか私と和解して同盟関係を作りたい彼は、こう言いながらも本社根回しを熱心に続け、なんとか通せそうなところまで漕ぎ着けてくれていた。新年早々、私たちは本社へ「挨拶」に出向いた。関連事業部でも、私が計画どおりに七九年末で債務超過を解消していることもあって、この前みたいな不愉快さはなかった。

二月の常務会でこの案件はパスした。それを知らせた輸出部長の電話は、

「ただし、本年度中には工場部分のみ建設、さらに業績確認の上、本社部分は来年度以降に着工のこと」と言う留保条件を伝えた。

「タネサン、ＫＭＧはまだ赤字を抱えている。赤字子会社に投資を認めるなんて、川重の歴史にないことなんだ。了解してくれ」

私は了解した。工場部分とは、ロルフのサービス工場とディーラー技術訓練施設、それにハンスの部品庫だ。顧客サービス上もっとも大切な部分だし、また、もっとも広いスペースを占

拠し、したがって家賃の張る部分でもある。本社とは、クラウスの営業部と私の社長室、それに管理部だ。来年以降着工となれば、私がその社長室に入ることはまずあるまい。これも先駆者の宿命だろう。本来、私はまだパソコンやファックスのない当時にあっても、社長室なんぞどこでもいい、自宅たるアパートで仕事してもよろしい、という主義だったから、痛痒は感じなかった。ただ、工事を二度に分けることで工事費が高くつくことと何カ所にも別れての効率の悪さの続くことだけが残念だった。

その年三月の売り上げは新記録を更新した。三月末のバランスシートは大幅な黒字を示し、その年の決算で累損を一層するのはもう間違いないところだった。私は帰国を決意した。

後継者問題

問題は後継者である。

「第三話」のとおり、一九六〇年（昭和三十五年）の入社から一九六五年夏東京へ転ずるまでを明石工場教育課で過ごし、その六年間に川航の神戸、明石へ配属された大学、高校卒の約三百名を、入社教育を通じて一々個人的に知る私である。会社で、またアパートで、その一人びとりの顔を思い浮かべて検討を重ねた。折角築いたＫＭＧである。しっかりした後継者がさらに業績を伸ばしてほしかった。そして最終的に目を付けたのが井川清次である。私より四年遅れて昭和三十九年に入社し、国内営業の第一線で長年過ごした。最近四年間、カワサキ・オーストラリアの社長を務めて、海外の洗礼も受けている。私は、その年、四月末からのゴールデン・ウィークにふたたび帰国した。長女は念願どおり音楽学校の声楽コースに、長男は近くの県立高校に、そして次女は市立中学にそれぞれ進学していた。

その祝いを簡単に済ませて、さて井川と話した。本人は興味を示したが、ただ、「かみさんが到底承知するまい」と言う。彼女は四年間の海外暮らしからやっと帰国して、久しぶりの日本を楽しんでおられる最中である。父上が高齢に加えて病気がちのこともある。それに、一人娘が中学へ進む年頃でもある。その井川夫人は彼と同じ時期に入社されたため、これもよく存じ上げている。一夜、二人を神戸のレストランへ招待した。

ざっくばらんな夫人は、

「オーストラリアでは英語で参りました。ドイツ語なんて見当もつかへん。確かに父や娘の問題もあります。そやけど、井川が行く、言うのなら、私はついて行くだけです」

と古典的日本人女性らしい明言であった。私は関係者への根回しを済ませ、承諾を取り付け、六月早々に彼がドイツへ来ることを確認して帰った。

私を待って山積する書類群の中の新規ディーラー開設申請書の一枚は、ベルヒテスガーデンにカワサキ店が生まれることを告げていた。私は感慨深かった。ベルヒテスガーデンはかってアドルフ・ヒトラーの山荘があった村である。彼は、その生まれ故郷たるオーストリアの寒村を見下ろすこの地に山荘を構え、ナチスの将星たちもそれにならった。ベルリンから直通の高速鉄道が敷かれた。オーストリア併合は、ここにその総理大臣を呼びつけて一方的に言い渡すことで済ませた。日本の外務大臣松岡洋右も訪問している。

そのような歴史上の興味に加えて、「カワサキの販売網もとうとうここまで及んだか」という仕事上の感慨もあった。昔はともかく、現在のベルヒテスガーデンは人口わずか八千五百の山村に過ぎないのである。今や百五十店近いカワサキ・ディーラーは、まさにドイツ全土をカバーしつつあるのだ。訪問を決意し、クラウスが同行を申し出た。少年時代に両親に連れられて東ドイツから逃れてきた彼は、その際見張りのシェパードに噛まれた傷跡を顔に残しており、そんなせいもあってか、徹底した共産主義嫌いで、それなりの政治姿勢を持っているのである。オーストリアとの国境に近いドイツ・アルプス街道を、クラウスが運転する私のBMW525は矢のように速く走り抜けた。首都圏の運転マニアが箱根で、関西のマニアは六甲山で新車を試運転するように、ドイツの運転好きはこの辺を走りたがる。カーブとアップ・ダウンの連続する道は、特にオートバイですっ飛ばすには最高、と思われ、事実そんなクルマ群を数多く見かけた。

ディーラー激励の後、我々は山荘跡に出向いた。それはアメリカ軍によって完全に破壊されていたが、ただ、その地下壕だけは、いかに弾薬と火薬を注ぎ込んでも歯が立たないまま、そっくり残っていた。狭い一本道の下り坂の正面に銃座がある。入り口はこれだけで、そこに一人の兵隊が機関銃を持って控える限り、誰も一歩も踏み込むことはできない。奥にはヒトラーとその愛人エバ・ブラウンの個室まであるのだが、彼はここまで追い詰められても、なお徹底抗戦を考えていたことがうかがえる。「花は桜木人は武士」など散り際のいさぎよさを讃える日本人とはまったく異質のしぶとさである。

井川はローテンブルクのゲーテ協会に入学し、三カ月間ドイツ語を勉強することになった。日本人観光客に名高いロマンティック街道に面したその町は、中世以来の古い都市国家がそのまま残っている。毎週末、私がＢＭＷをそこへ向けるか、それとも彼が電車でフランクフルトに来るか、で合流し、ドイツにつき、ＫＭＧについて一つ一つ引継を行なうのだった。ある日曜日、建設途上の部品庫、サービス工場などを案内し、ついでに私の事務所へ寄ると、管理部長が一人仕事をしていた。私は、とっさに「明石からの出張者」として井川を紹介した。明石からの出張者はひんぱんにあったし、我々が日曜日に出社するのもざらだったのだが、彼はなにかを感じ取ったようだった。翌朝、私は彼を呼んだ。

「昨日の男だが、実は私の後継者だ。私は九月に帰る予定になっている」

「なんとなく、そうではないか、と思いました」

帰国を決意し、井川に譲る準備を進めながら、実は私には迷いがあった。私が作り、引っ張ってきた会社だ。私がいなくなって、本当に大丈夫なのだろうか？　その迷いが抜けないから、まだ帰国のことを誰にも言わないし、昨日、彼に対して正式に紹介するのをためらったままだったのである。私はこの疑問を彼にぶっつけてみた。

「従業員もディーラーたちもがっかりするでしょう。クラウスなど特にそうでしょう。だが、かような国際企業では、社長交代はごく当たり前のことです。あなたの場合、家族を日本に残しての赴任だから、とりわけそうです。みんな悲しむけれど、受け入れるでしょう。井川さんについては、とても力強い印象を受けました。彼を我々が支持することで、ＫＭＧは発展を続けるでしょう」

私は、彼が驚愕するか、落胆のあまり取り乱すか、と予測していたのに、その彼があまりにも冷静なので、不満でもあった。

「みんなへの発表はどうしよう?」

「もう決定している以上、部長たちには早いほうがいい。従業員とディーラーには、九月になって新社長が出社してからでもいいでしょう。ただ、こんなニュースは、どっちみち漏れますよ」

「そうだね。それも明石側からと決まっている」

それでも、みんなの混乱を恐れて、私はまだ発表をためらっていた。

七月に入って間もないある日、物流部長のハンスが飛び込んできた。その勢いと言い、いつも開け放している私の部屋のドアを後ろ手で閉めた秘密めかした動作と言い、「ははん」と思ったが、果たしてそうだった。

「サム、社長を辞めて帰る、って本当ですか?

後継者はもうドイツに来ている、って話だが」

「誰に聞いた?」

彼は、日本人の名前を挙げた。輸出部のその男は、出張してきて、ハンスと一緒に仕事をしていた。私は仕方なく肯定した。

「サム、それは不可能です。これはあなたの会社じゃありませんか。あなたなしでは動きません。

どんな男が後を継ぐのか知りませんが、誰もそいつの命令なんか聞きませんよ」

この喧嘩っ早いババリア男は、本当に途方に暮れているようだった。私は、自分の存在感を確認した思いで満足だった。しかし、そんな個人の満足を表明すれば混乱を助長するだけだ。

「ハンス、君は間違っている。これは私の会社ではなくてカワサキの会社だ。

私は、その長い歴史の最初の段階で社長を務めたに過ぎない。

こんな国際企業では、何年おきかで社長交代があるのは当たり前だろう？」

「それはわかっています。

だが、ローマ法王が退位されることはないのと同様、サムがKMGを去ることはない、と、なんとなく思っていました。みんなもそうだったと信じます」

彼は頭を抱え込むのだった。

私は輸出部の出張者を呼びつけてこっぴどく叱りつけ、今後この件については一切他言しないよう言いつけた。そしてただちに副社長と四部長を招集した。皮肉なことに、私が採用したロルフ・サービス部長と私が登用したクラウス営業部長、恐らくは私をもっとも頼りにしていたであろう二人が、この場で、初めて、私が退任するニュースを私の口から聞くことになったのだった。クラウスの落胆は予想どおりだった。私は、九月になれば新社長が出社すること、彼は私自身が選んだ素晴らしい社長であること、をまず語った。次いで、八月末には、私が全従業員とディーラーに通知し、新聞、雑誌にも発表すること、それまでは一切秘密とし、もし新聞などからの問い合わせがあれば、ただちに私へ連絡すること、を伝えた。

最後の教訓

七月末、クラウスと一緒にベルリンへ出張した。ベルリンのディーラーは、沢山売り、サービスも徹底していて、もっとも優秀な店の一つだった。ところが、夫婦喧嘩がこうじて離婚しそうだ、と言う。だんなはもともとレース好きで、サービス中心に働いており、営業と経営全般は奥さんがやっている。離婚して奥さんが去れば、ディーラー経営は成り立たない。

「仲裁に行くんだ」と言うと、最初クラウスは懐疑的だった。

「離婚は個人の問題です。第三者が口を挟むべきことではない」

「だが、彼らが離婚すれば、あの店はつぶれるよ。彼らにとってもカワサキにとっても不幸なことだ」

「他の店を探します」

「まずあの店を救うんだ！」

離婚の理由は単なる感情のもつれで、不倫などからんでないことは確認済みだった。夫婦二人でディーラーをやる例は各国で多いのだが、いつも一緒にいるだけに、一度《ひとたび》もつれ始めると、一挙に破局を迎えることにもなりやすいのである。

二人を目の前に据えて、

「あなたたち二人のチームは天下一品だ。だから仕事もうまくいっている。

どうかこのまま続けてほしい」と訴えた。

ドイツ人のことだし、「余計なお世話だ」とはねつけられることも予想しないではなかった。事実、だんなからは最初にちょっとそんな反応が来た。だが、いろいろ話すうちに、まず奥さんのほうが、わざわざ私が出向いたことに感激もしたようで、

「ユルゲン、やっぱりあなたが好きだ。やり直そうよ」

と両手を差し伸べ、二人は立ち上がって熱烈なキスとなった。私は、関係修復を記念してベルリン一のレストランで夕食をご馳走する、と言い、だが質素にオートバイ屋を営む彼らは、そう高級なところも知らないのだろう、行ったのは小さなフランス料理屋だった。そこで散々ワインを飲み、その後ホテルのバーに移ってさらに杯を重ねた。夫婦は熱々《あつあつ》の抱擁を何回も繰り返していた。

翌朝、フランクフルトへの飛行機の中で、クラウスは述懐した。

「驚いた。あんなことに外国人のあなたが割り込んで、うまくいくはずがない、と思っていました。あなたはアメリカ育ちだし、マンフレッドやフリードリッヒをバサバサ切りとばしたやり方からして、ドライ一本槍の経営者だと思っていました。

だが、本当はとても人間を大切にするんですね」

「クラウス、ディーラー・ビジネスはいつもヒューマン・ビジネスなんだ。ディーラーの利益を考え、彼らを人間として尊重することだ。あの夫婦は、また喧嘩するかも知れない。もう私はいないんだから、そのときは新社長を助けてうまくやってくれ。

これが最後の教訓だ。後は新社長から学んでほしい」

「ヤー、ボール」、任しとけ、と言いながら、彼は涙ぐんでいるようでもあった。

これから約十年後の一九八七年六月、「第二話」、「第三話」でお馴染みの龍ちゃんの一人娘から欧州旅行の相談を受けた。私はすぐクラウスに電話した。私はＢＭＷに転じ、彼もカワサキを離れて用品店を経営している。もはや命令系統も利害関係もない。

だが、彼は、「サム、あなたから受けたご恩の百分の一でも、いつか返したい、と思い続けています。おやすいご用だ」と、今時日本では聞くこともない日本的な表現で即答してくれた。世界一清潔整頓を重んずるドイツ人家庭の一員として二週間過ごしたこと、彼の愛車ポルシェカレラ９１１でアウトバーンを走り、時速二四〇㎞に達し、後ろのシートにグーンと押し付けられた状態で、

"Are you scared?"「こわいかい？」と聞かれて、"No! I am excited!"「いいえ、素敵な気分！」と答えたあたりはやはり龍ちゃんの娘だろう。

すぐ近くまで行きながら「メ」は見ないままだったハイデルベルクの城も案内してもらった。だが、もっとも印象的だったのは、サイドカーに乗せられて東西ドイツの境界線まで行き、高い障壁の前で、彼が、「これを自由に越えられるのは鳥だけなんだ」と述懐したことだった、という。少年時代に東ドイツから脱走してきた、そこに故郷を持つ彼にとって、自国の中の国境線には特別の思いがあったのだろう。ベルリンの壁崩壊の二年前だった。

さらに十年以上経過した一九九八年春、カワサキでの二十三年に続いた十五年間のＢＭＷ勤

務からもやっと解放された私は、妻と共に、子供時代以来の夢の一つを果たしていた。欧州連合の原点だったハプスブルク王朝の三都、ウィーン、ブダペスト、プラハを歴訪したのである。旅路の最後、懐かしのフランクフルトに立ち寄って、一夜、クラウス夫妻と夕食を共にした。四方山話《よもやまばなし》の末、彼は、七九年末に、私が「専売制をやめろ」と迫った思い出を語った。

「事務所に帰ってすぐ妻に電話したんです。『もう辞めるしかない』ってね。それが、あの夜、『計画さえ達成すれば専売制オーケー』となったでしょう。嬉しかったねえ。あの乾杯程うまいビールは他に知らない。夢中で走り回り、部下を督励し、確か計画を一〇%位上回ったはずです。カワサキは今でも専売制を堅持しているんですよ」

奥さんはニコニコほほえんでいた。この夫婦の長い生活の中でも、特に印象深い一幕だったのだろう。彼はまたベルリン訪問のことも話した。

「あの夫婦は仲良くやっています。仕事も順調で、我々の用品も大量に仕入れてくれます。サムの話はよく出ます。あの時、あなたが出馬しなかったら、二人は別れていたでしょう。そうしたら、今頃どうなっていたことか。最後の教訓は実にすばらしかった。ディーラー・ビジネスの本質を教えてくれた」

後悔先に立たず

八月になって、思いもかけず妻が出てくることになった。

塚本碩春《ひろはる》常務のおかげである。彼は、明石工場にある単車事業部と小型エンジンの発動機事業部の両部門を統合する発動機事業本部長だった。日本人らしい経営者の最後、と申すべきだろう。私のように自分の主張を押し通すのではなくて、部下の発案を待ち、コンセンサスをまとめるタイプだった。重みのある人柄で、自ずからなるリーダーシップがあり、彼がそこにいるだけでみんな安心するのだった。「第二話」にあったように生意気千万な大学生だった私を採用してくれた人事課長であり、大分県のご出身、私の郷里熊本の旧制第五高等学校を卒業しておられることもあって、私は彼に甘えがちな場合もあったのかも知れない。私のドイツ時代にも、大所高所から、部下である単車事業部長を立てながら、なにかと周囲と衝突することのみ多い私を見守って下さったようだった。その常務が、ある席上で、ボソリと、

「タネサンが帰ってくるそうだな。あいつのアパートは汚れ腐っておるそうじゃないか。そのまま立ち退いたんでは、フランクフルト界隈では日本人は家もアパートも借りられんことになるじゃろう」と語られたのだそうな。

これを漏れ聞いた部課長連中は、

「そうなっては川重の恥だ」など議論した挙げ句、掃除要員として妻を派遣することになったのである。

常務の本意は、

「赤字まで出して今度はあいつも苦労した。奥さんも育ち盛りの子供たちを抱えて大変だったろう。せめて最後だけでも二人で楽しく過ごさせてやりたい」だったのだろう。それをあんな言い方をして、部下たちに考えさせたのがいかにも彼らしいのである。

さすがの妻も四年間の汚れのすさまじさに辟易する一幕もあったが、数日間の悪戦苦闘の結果、なんとか片づいた。そこで、ドイツ赴任以来初めて、より正確には入社以来初めて、連続一週間休む、と決めた。ドイツ人の四週間、六週間に比べれば物の数でもないが、私としては初のバケーション、ドイツ流にはウアラウプである。妻にとっては初めての欧州でもある。地図などひっくり返して散々議論した挙げ句、全然土地勘がなく、言葉もまったくわからないフランスへ行く、ときめた。BMWで気楽に走り、行き当たりばったりの町で空いているホテルに飛び込むスタイルである。スタイルとしては「第四話」のカリフォルニア調査に似ているが、あれが一人きりで必死の仕事、これは二人連れのお遊びだ。

妻の希望を入れて、ロワール川添いの古城群を訪ね、次いで、これは私の願望で海岸線に出て、かのDデーにアイゼンハワー率いる連合軍が上陸を敢行したノルマンディ海岸を見た。仕事一点張りの中ですっかり余裕をなくしたのだろうか、私は古城などの風物には興味がわかず、BMWを吹っ飛ばすことと、ホテルでの夕食にしか関心がないのだった。小さな村のお粗末なホテルでも、食事とワインは上々で、ディーラー訪問の途中で泊まったドイツ各地のそれと比較しては、二つの文化の違いに思いを馳せたりもするのだった。妻にとっても初めてのバケーションだった。初任給一万四千五百円で所帯を持ち、次々に子供たちが生まれ、私は仕事に狂って家に寄り付かず、いつもやりくりと家事と子育てに追われっぱなしの二十年間だった。それが、このホテルを転々する暮らしでは、炊事も洗濯も掃除もないのだから、彼女はまことにご機嫌だった。それに、父の意向に反して結婚した私たちは、結婚式も新婚旅行もやらないままだったから、それだけになおこの旧婚旅行は嬉しいのだった。

　アムステルダムでは、これも妻の希望で、ゴッホ美術館を訪れた。妻の希望で訪れたのだが、その美しさに魂を震わせたのは実は私のほうだった。「第二話」の借金王時代、あの貧しさの中で高価なゴッホ画集を求めたこともある私ではないか。翌日、つかれたように、今度は私が先に立って国立美術館の門をくぐった。レンブラントの大作「夜警」の前で立ちつくして、大勢の人物を一々眺め、それぞれの暮らしや人生を想像したりして、まる一日を過ごした。私は音楽も好きだったはずだ。学生時代にはなけなしの金をはたいては音楽会で陶酔したし、「第三話」にあったとおり、食うや食わずの貧しい新所帯にあっても、当時出たばかりのステレオを買い、クラシック音楽のＬＰレコードを数多く所有していた私だった。それが、美術、音楽の本場たる欧州はフランクフルトに四年も住みながら、美術館に足を踏み入れたのはこれが初めて、音楽会にはまだ一回も行っていないのだ。

　デュッセルドルフへ向かってドライブする途中、ドイツ国境に近い森の中で、クローラ・ミュラー美術館を訪れた。そこにあるゴッホは、質でも量でもアムステルダムに匹敵するもので、「こんな田舎に、かくもさりげなく、これだけのゴッホを飾るのも欧州なんだなあ」と思うのだった。こうして、妻と二人に戻った生活の中で、夜中に目覚めることなく、ふたたび朝まで熟睡するようになった自分を発見することにもなったのだった。

　まことに遅ればせながら急遽欧州づいた私は、フランクフルトへ帰って、なんぞオペラでも、と探した。しかし八月末のシーズン・オフとあって、聞いたこともない歌手の「蝶々夫人」

があるだけ、そこで韓国人らしい歌い手の蝶々夫人は、中国風の着物を着ていた。四年間の欧州で、オペラはこの一回だけだった。

確かに、年商二百億円の会社は作った。販売網の基礎もできた。占拠率を目標どおりに赴任時の五％から一五％近くまで上げ、これはＢＭＷ、スズキを抜いてホンダ、ヤマハに続く三位となった。それによってドイツに千人以上の雇用機会を創造することもやった。

債務超過の不運も見事二年間で解消した。しかし、それだけに明け暮れた四年間だった。アパートと会社とディーラーとレース場とを行き来しただけだった。これでは、欧州で仕事をしただけで、そこに暮らしたとは言えない。

「しまった！」と痛感した。だが、いつの日にも「後悔先に立たず」で、帰国寸前にこんな反省をしたところで、もうどうにもならないのだった。かくて後継者井川清次への申し送りの一つは、「欧州で暮らせ。そこの文化に触れろ」となった。奥さんが音楽好きなこともあって、彼の一家には、再建なったフランクフルト・オペラ・ハウスの専属歌手一家との交わりなども生まれたようで、こんな面でも私の先を行ったようである。

極楽トンボよろしく得意満面で乗り込んで、実はそこで地獄を見て、なんとか自力でそれから抜け出した四年間だった。このドイツ地獄とその中での反省がなかったならば、コインの裏側へ転じて後、もっと大きくつまずいて途中退場の憂き目を見ていたのでは、とも思われる。ＢＭＷでの私はほぼ終始一貫攻める立場にあったのだが、たまに管理部門に細かな資料を求めて意外な顔をされることになる。地獄の体験が私を用心深くしていたのである。

最終話　コインの裏側では

転職のいきさつ

帰国してみれば

一九八〇年九月、四年ぶりにドイツから帰国した私は、古巣たる国内営業へ復帰した。それは、「カワサキ・オートバイ販売株式会社」、略称「川販」と「自販」から社名が変わっていた。カワサキ・オートバイは、輸出、特に対米輸出に支えられた事業として確立されたのであり、反面、その中での国内営業は日陰者のような位置に成り下がっていた。

それだけに、私に対しては、今度は日本向けの商品を作ってほしい、という期待感が強かった。また、アメリカ、欧州攻略の立て役者だった私が日本に腰を据えて、それを強化してほしい、という願望もあるようだった。しかし、私にしてみれば、「日本で日本の商品を日本人に売るのなら、なにも私がやらなくても」の思いがあり、「川販」に腰を据える決心はつかないままだった。

帰国の最大の目的は父親復権を果たすことだったはずだ。だが、そっちのほうも決してスムーズには運ばなかった。子供たちは、父親抜きの生活ペースをそれぞれ確立しており、親父が突然勝手に現れて割り込もうとしても、そうはさせなかったのである。

ある週末、「岡山県倉敷市の大原美術館へ行こう」、とみんなを誘ってクルマに乗り込んだ。一〇〇㎞走行に一時間、というアウトバーンの尺度から、「片道一時間だ」とスタートしたのだが、まだ中国自動車道もなく、国道二号線の渋滞の中で往復七時間かかったりしたのも、家族たちの信用度を一段と低下させたことだろう。

「第三話」で私のボスだった浜脇洋二さんは、度重なる帰国命令を拒否し、家族と共に派遣された後継者を拒否する、など川重への徹底抗戦を展開した。結局、抵抗空しく、アメリカ在住十二年の後、手取り足取りの格好で帰国させられオートバイとは無縁の閑職に付けられていた。彼としてはオートバイをやれない川重に未練はない。いろいろと転進を模索される中で、BMWに焦点を絞り、意見を求められた。

「ドイツ人は、使うにはいいけれど、それに使われるのは大変ですよ」

と答えたのを覚えている。そのときは、私自身もやがてそのドイツ人に使われる身になろうとは夢にも思わなかったのだが。

やがて、私の帰国の翌年の八一年、彼はBMWへ転じ、新設のビーエムダブリュー株式会社、通称BMWジャパンの社長となった。欧米自動車メーカー初の日本法人である。日本へ身を置いてみると、「第五話」で感じた川重とオートバイの矛盾を感じることも増えた。だが私は、そんな中で、日本市場向けのモデルを企画し商品化するなど、それなりの貢献をしていた。古い馴染みである国内営業の連中やディーラーたちは、そんな私の復帰を喜んでくれたのだった。

転職の誘い

一方では、そんな私のところへも、その頃から日本でも目立ち始めたヘッド・ハンターからのアプローチが相次ぐようになった。

月に一度、川販取締役営業推進部長の私が、日本各地の販売会社の責任者たちを集めて行なう営業会議は、電話取り次ぎ厳禁、としていたのに、私に電話が入ったことがある。出てみると、「川販」の女性が、「外人さんからです」と言う。これは、スイス系のヘッド・ハンターで、女性は「外人」の英語に恐れをなし、禁を破って電話を取り次いだのだった。

「アメリカの会社が京都の電機メーカーを買収し、その社長を探している」

というような話を一方的にまくし立てた。だが、私の得意技はクルマをディーラーへ販売することであり、それとは全然無縁の業種でリスクをかける気にはなれなかった。

そのうち、父が急死した。享年六十八歳、会社で仕事中に倒れてそのまま。

明石から熊本へ急いだが、死に目に会うこともできなかった。本当に突然のことだった。九学卒業後郷里を出たきり、帰省することは多かったが、かねてきわめて丈夫な父の逝去など考えたこともなく、そんな話はしたこともないので、資産状況など皆目わからない。母は十年来半身不随のまま寝たきりで、今後ともその状態が続くものと考えねばならない。

川重の給料で明石の家族と熊本の母と二所帯養うのは不可能だ。私が父の会社を継いで熊本で一所帯にまとめるか、それとも二倍の給料をくれるところへ転職するしかないのでないか？「第三話」のカリフォルニア以来十五年以上、欧米で欧米人になりきって過ごすことのみ多かった私だが、毎週末帰省して、父が残したものを探るかたわら、父の会社をどうするか、関係者の話を聞いて、超日本的な考慮を重ねるしかないのだった。

父の会社の仕事は、自動車、オートバイなどのナンバープレートの交付だった。熊本では父が私企業として頑張り続けていたのだが、他の都道府県では、ほとんどすべて、退職官僚の団体が手掛けていた。仮に私が継いでも、数年を経ずして商権返上を迫られるべき運命にあることが明らかになった。そして、現にそのような団体から、買収を希望する旨の内々の意思表示もあった。四十代半ばを過ぎたばかりの私が、そんな面白くもない社長を数年やって放り出されたら、その後熊本で路頭に迷うことになるのは目に見えていた。それに父自身、私にも弟にも自分の中小企業を継がせる意向は全然なく、折りあらば、「そんなことのために学校を出したんじゃない」と言ってもいた。

私は会社買収に応じた。この売却金額を父が残した遺産と合わせれば、母の療養には当分の間支障なさそうだった。親戚や父の子飼いの従業員たちは、私が後を継ぐことを期待していた。父の会社を売り払うのを「外国かぶれの非情さ」と非難する向きもあった。だが、長続きしないことがはっきりしている仕事に賭けるわけにはいかないし、売れるものなら売り払って、それを母の生活、療養費の一部とするほうを選ばざるをえなかったのである。

かくて、母の問題は片付いたのだが、「川重」への失望もあって、転職へ向かって一度揺らぎ始めた私の心が落ち着きを取り戻すことはないままだった。

そんなある日、出張で上京した際、ＢＭＷの浜脇さんと話した。彼は、「カワサキから引抜くことはしないつもりだったが、君が本当に辞める腹を固めたのなら誘いたい」と、ＢＭＷジャパンのモーターサイクル部長のポストを提示してくれた。ＢＭＷの原点は航空機とオートバイだ。ＢＭＷは、欧州のオートバイ・メーカーが、日本勢の攻勢の下、次々にオートバイ事業から撤退していく中で、エンジンまで新設計したニュー・モデルを発売しようとしていた。それを日本で売る仕事をやらないか、というのである。

「オートバイは売り上げも利益も全社の一〇％に満たない。だが、ドイツでも日本でも、それは独立部門として確立されており、ちゃんとやっている限り、ぐずぐず言われることはない。自動車に比べれば遥かに気楽だ。それに、年に何回か、君の好きな欧州へ出張する機会もある」と、相変わらず言葉巧みに誘う。

転職試験

その年、一九八三年、四月末からのゴールデン・ウイークを利用して私はミュンヘンへ飛んだ。ＢＭＷの面接試験を受けるためである。求職の面接は学生時代に川航を受験して以来のことだ。採用する側としては、日本、アメリカ、ドイツで散々やってきたのだが。

かつてドイツ勤務四年の間に、ＢＭＷのオートバイ部門の幹部諸君とも親しくなっていた。ドイツ側では彼らが私を引っ張っているのだろう、と推察していた。彼らは、ＢＭＷの中でもオートバイ部門だけで長年働き続けた老人たちで、業界では、唯一の国産メーカーのことでもあり、一目置かれる存在だった。ところが、行ってみて驚いたことに、、そんな彼らは一人もいない。ニューモデル導入に備えて、彼らオールドタイマーを全員放り出し、自動車畑の若手連中で置き換えているのである。私はそこに、ニューモデルに賭けるＢＭＷの意気込みを見た。

面接の主役は、オートバイ販売会社の社長たるカールだった。日曜日の朝ミュンヘン空港で迎えてホテルに放り込んでくれて、しばらくすると電話があった。

「素晴らしい天気だ。ババリアの自然を楽しみませんか?」

間もなく奥さんと一緒に現れて、郊外の湖をドライブし、小高い山に登った。奥さんも交えて、ドイツのこと、日本のことを語り合った。湖に面した屋外のレストランで夕食を共にした。試験する、といった風は全然なく、仲間扱いで、私を採用することはもう決めているような雰囲気だった。

翌朝、彼はまず、開発、生産も含めたオートバイ部門の総責任者のところへ私を連れていった。ところが、会ってみると、その彼とは、一九八〇年春、オーストリア、ザルツブルクのレース場で、雑誌社編集長の紹介で話したことがある仲だった。

「実は、あの頃、オートバイ部門への転籍を打診されており、この世界を理解するため、生まれて初めてオートバイ・レースを見に行ったのです」と笑う。

雑談をしばらく交わしただけで、カールの会社へ行った。まず地下室で、ニューモデルの二機種を見せられた。四気筒の１０００㏄と三気筒の７５０㏄は、いずれも量産ラインから生み出されたものであるのは明らかで、その発売開始が間近なことは間違いなかった。私は、初めてのクルマを評価するときにいつもやるように、まずいろんな角度から眺め、次いでシートにまたがってハンドルを握り、降りてはまた眺めるのだった。数十分に及ぶ私の観察ぶりを、カールはじっと観察していた。

「どうですか?」

「いいですね」

「乗ってみますか?　スモール・サイズの革ジャンパーも用意していますよ」

私は断った。完成度の高さはよくわかったし、こんな大型車は、町中のちょい乗りくらいで評価できるものではないからである。

彼の部屋へ移って初めて面接らしい問答になった。

「日本でＢＭＷを売り広め、販売網を確立するには、どうすればよいか」

と尋ねられ、私は思うままを答えた。彼は一々頷きながら謹聴してくれた。ドイツと日本の市場の違いについて、二人で議論することもあった。彼はドイツを語る中でドイツのカワサキにしばしば触れ、私のドイツでの仕事についてよく調べていることが窺われた。

果たせるかな、最後に、「私のどこに着目したのですか?」と聞くと、

「日本のメーカーでディーラーの利益を大切にしたのは、あなたの時代のカワサキだけだ。これはＢＭＷの哲学と一致する」と答えた。

当時、より大きな利益を求める川重は、ディーラーの利益をそちらへ回すように求めたし、ＫＭＧが債務超過になってからは特にそうだった。ディーラー利益を擁護してゆずらぬ私は、「甘過ぎる。そんな態度だから赤字を出すんだ」などと罵倒されたこともあったものだ。だが、世の中では、意外な所で意外な人が見ているものだな、と痛感したことだった。

本社ビルの幹部食堂で遅い昼食をご馳走になり、午後は人事担当役員の面接だった。これも極めて形式的なものだった。彼は流暢な英語を話し、英語での面接となった。こんな次第で私の就職試験はごく簡単に済み、ＢＭＷとの契約書にサインしたのだった。

実は明石でのカワサキ諸君への告知のほうが大変だった。教育課以来勤続二十三年間、社内の知己も多く、私をリーダーと仰ぐ若手社員も多かった。私が辞めることは、特に彼ら若手への影響が心配された。いろんな形の引き留めがあったし、自宅にまで押し掛けたり電話をくれたりの陳情もあったのだが、ともかく七月末で退職した。

かくてスタートしたＢＭＷでのモーターサイクル部長だった。その初年度にしてハーレーダビッドソンを抜いて輸入オートバイ首位を占める、など出足好調だったのだが、結果的には一年限りの仕事になった。主体をなす自動車がうまくいかず、浜脇さんは、私をＢＭＷへ誘った言葉から掌《てのひら》を返したように、営業部長へ転ずることを勧めたのだった。自動車も大好きではあるが、それで仕事した経験はない。五十歳近くなっての職種変更にはリスクもある。

社の内外から「今更自動車なんかやめておけ」という忠告が相次いだ。古い馴染みである八重洲出版（株）の橋本茂春編集長は、「自動車をやれる奴は大勢いる。だがＢＭＷのオートバイを日本に根付かせる仕事は君にしかできないんだ」と怒りと落胆をぶっつけてきた。

だが私はここでも挑戦を受けて立つことにした。オートバイと自動車は商品としては違うけれど、それをディーラー経由で売る仕組みは同じであることをＢＭＷでの一年間で確認していた。それに、売り上げなどの事業規模では自動車が十倍以上にもなることも私のチャレンジ精神をくすぐったからである。

私は、またミュンヘンへ飛んで、カールの了解を求めた。

彼は、「それがＢＭＷの問題なんだ。オートバイの人材はみんな自動車に取られる」と嘆いていた。そしてその彼も、間もなく、ＢＭＷイタリアの、次いでアメリカの、社長に転じてオートバイから離れることになる。

私の幸運は、私が自動車に転じた一九八四年から、日本中でバブルが吹き上げる中、それまで下降続きだった輸入自動車市場が上昇へ転じたことだった。ＢＭＷは欧米自動車メーカー初の直販会社として、この八四年から八九年までベンツなどを抑えて販売台数でトップに立ち、輸入商品の成功例ともされた。

私は、累進を重ねて常務取締役・営業本部長、ということになり、営業、サービス、部品など自動車営業全体から古巣のオートバイにまで責任を持つことになった。オートバイ屋転じての自動車屋、要はクルマ屋として成功した、と言えるであろう。

めくら社長、頑張る

小売りへの挑戦

ＢＭＷジャパンでのクルマ屋は、オートバイ、自動車の新しいディーラーを全国各地に作り指導するという卸売業で、これは基本的にはアメリカ、ドイツで展開してきたオートバイ稼業と同じである。うまくいっていたしそれなりに評価されてもいたのだが、ドイツ側は後で述べる定年問題から、私が五十八歳になった一九九三年、私の後継者を採用した。そして私は、給料据え置きのまま、それまでの常務取締役営業本部長から新設の常務取締役サービス本部長に横滑りすることになった。従来の縄張りの一部であるサービスと部品だけ担当、ということで、販売責任がないだけぐっと楽だが格落ちには違いない。家族は大歓迎だった。

「あと二年間のんびりやって定年退職に備えれば？」というわけである。

だが私としては、まだまだ元気が有り余っており、欲求不満気味だった。

そんな私のところにＢＭＷジャパン社長のリヒターさんがやって来た。

「ＢＭＷ東京を引き受けてくれないか？」

ＢＭＷ東京は、ＢＭＷジャパンの百パーセント子会社で、東京、神奈川で自動車小売りをやっている。バブル時代には大いに売ったものだが、九〇年代に入って資産デフレが進行する中、ベンツ以下の追い上げもあり、業績低迷が続いていた。

「ＢＭＷの会社が赤字に転落することだけは避けたいんだ。やり方は任せるけど、経費節減、人員整理を思い切って断行することも必要だろう」

話を聞き伝えて、会社内外の友人たちから「やめとけ！」という助言が殺到した。

「うまくいくはずがない。日本経済はデフレだし、外車販売の伸びは止まった。それに君のノウハウは卸売り専門で、小売りの経験は皆無じゃないか。サービス本部長でのんびりやっとけ！」

おまけに、彼らは知らなかったのだが、隻眼《かため》だけのその目に白内障が進んで、大好きな運転もできず、書類を読むにも精一杯拡大してもらって虫眼鏡を使う状態だったのだ。

だが、私はここでも挑戦するほうを選んだ。まだ老い込みたくはない。「第一話」以来常に挑戦を重ねてきた人生じゃないか。今さら安きに着くこともないだろう。それに、十年来のBMW勤務で知っているBMW東京の人々は人材揃いで、私がタクトを振れば好転するのは間違いない、と思ったからでもある。

問題発見と対策

九三年七月に赴任して、まず課長以上三十数名と、一人当たり一時間の面接をした。どうせめくら状態で書類や数字ももう読めないのだから、ひたすら人の話を聞くしかないのである。

「この会社の気に食わない点、困っていること、やりたいことなどなんでも言ってほしい」と求めた。

問題点の第一は「休めない」だった。毎週毎月計画未達に追われ、土曜、日曜はお客を集めるイベント続きで、彼ら管理職以下全然休めず、疲れきっている。

第二は「方針がクルクル変わる」で、激変の時代、やむを得ないこともあろうが、その理由を伝えないままだから不満、不安のみ積み重なっている。

第三は「人を大切にしない」で、場当たり的な人事、懲罰人事などを上げ、特に販売会社の組織の背骨たるべき支店長を頻々《ひんぴん》と異動させたり、社長がいくつも兼務していることを例示した。

「社長が信用できない」という指摘も多かった。これは私の実績で信用度を高めるしかあるまい。

八月一杯熟慮し、リヒター社長とも相談を重ねて、九月一日付けで新組織を発表した。七支店に専任の七支店長を当てた。

「よほどのことがない限り、三年間はその職にあることを保証する」と明言した。

社長が支店長を兼ねて他の支店長と競争するなど論外だし、めくらの私はそんなことをする気はなかった。専任の支店長が腰を据えて部下を引っ張り、支店長同士で競い合うようにするのが販売会社経営の第一歩だからである。

「休めない」問題については随分考えた挙句、十月から月曜日を休みとした。日曜はイベントで働いても月曜日は全員必ず休むべし、とした。これには働き者の古手支店長連中から「休めないのはクルマ屋の宿命なんだ」という反論もあったが、そんな宿命論を破壊することこそ、素人小売り屋たる私の仕事、と信じてのことだった。疲労が積み重なる一方では、販売にもっとも必要な各人の創造性が枯れ果てるからである。

　その十月のある日、課長以上全員と泊まり込みで「事業計画作成会議」を開いた。従来、社長が一人で立案して部長、支店長に示し、それを毎月達成できないまま、支店長を異動させたり降格したりしていたのだが、翌平成六年（一九九四年）計画では、その作成段階から彼らを参画させ、その達成に責任を負ってもらうことにしたのである。

　幸いにして、この一九九三年をなんとか黒字決算で切り抜け、翌年以降、毎月、毎年計画達成を続けることができた。リヒター社長は赤字を避けるためのリストラを要求したのだが、私はここでも逆に毎年人員や設備や販売促進費を増やして拡販に出て大いに活性化したのだった。「第五話」のドイツと同じだが、ただ、私も少しは利口になっていたから、今度は赤字になる前に攻めたのである。この間の数字は別表で示すことにしよう。要するに、達成できない計画はみんなを駄目にするだけなのだ。もしある月に達成できないなら、その原因を探り、対策を立案実施して翌月には間違いなく取り返すべきだし、三カ月も未達が続くようなら、計画自体を大胆に見直すことこそ社長の仕事でなければならない。

（株）ダイエー会長林文子さんのことなど

新組織の目玉が、自動車業界初の女性支店長、林文子さんだった。

「セールスマンを募集しているのであって、女性はいらない。この仕事は女性には無理だ」と言われながらなんとか潜り込み、二年目にしてトップセールス、当時は数名の部下を率いながら引き続きトップクラスの販売実績を上げる世田谷支店販売課長だった。販売課長の第一人者を支店長に抜擢するのは自然な人事だ。だが彼女の登用には二つの問題点があった。第一に、プレーイングマネジャーたる販売課長は、固定給に加えて本人の販売実績に応じた奨励給を支給されており、それが彼女のようによく売る人の場合巨額に上っていた。しかし支店長は部下統率に専念する建前で固定給だけだ。できるだけ下駄をはかせたところで、新任支店長の年収は課長時代に比べて激減する。

だが彼女は、「構いません。ぜひともやらして下さい。課長としてできることはもう全部やっちゃいました。あとは支店長になるしかないんです」と目を輝かせたのだった。

私は自分と同じチャレンジ人間を見た思いがした。第二は、四十代、五十代のおじさんたちからなる支店長諸君の反発である。女性支店長など業界に例がないだけに、彼女が自分たちの聖域に足を踏み入れるなど許し難いのだ。私と彼女の会合が度重なることで私の意図を察した彼らは、一斉にブーイングを開始した。その中で一番うるさいのを呼んだ。

「女性じゃあ何がまずいんだい？」

「外車にはやくざなどの問題客が付き物です。新宿支店には特に多い。女性じゃ対応できませんよ」

私は、サービス工場を持たずその分負担の軽い新宿支店に彼女を当てよう、と考えていたのである。

「じゃあ聞くけど、新宿でのそんな問題客クレームは年間何件くらいだろう？」

さて、としばらく考えた挙げ句、「年に二、三件でしょうか」とそこは正直なものである。

ＢＭＷではアメリカ車やベンツに比べてそんなお客は少ないのだ。

「そのくらいなら、まさかの時はワシも出るし君たちも助けて解決しようじゃないか」

新組織発表で支店長以下全社員が張り切り、そんな中で彼女へのブーイングはひとまず影を潜めたようだった。アメリカ、ドイツ時代、各界で女性の活躍を見聞し、またそんな女性たちを活用してきた私にすれば、日本のクルマ屋の男性鎖国主義は笑止千万だったのである。

その年末、私に支店長、部長の十人ほどで忘年会をやることになった。だが実際に十二月末で決算を締めてみないことには赤字か黒字か確信できない綱渡り情勢でもあり、割り勘で保険組合の関係で安く使える温泉に一泊とした。そうと決まると、幹事役はすぐ彼女に伝えた。

「林さんは行かないよね。予算がないから、みんな大部屋一つにごろ寝なんだ」

実のところ、男性鎖国主義はみんなの心に健在だったのである。だが彼女は昂然と、「私も支店長なの。絶対に行くわよ」

彼は渋々彼女のために一部屋押さえざるをえなかったのだった。こんな意地悪は私の目に見えないところで随分あったようである。一人だけの女性支店長、しかも新参者。それが「女性らしく」控え目にしていればまだおじさんたちも救われたかもしれない。だが、例えば月に一度の営業会議では支店ごとの計画、実績が対比され、支店長各位の力量が一目でわかる仕掛けなのだが、新宿支店は毎月抜群の成績で青息吐息のおじさんたちを睥睨《へいげい》するのだから、彼らとして嫌になるのも当たり前かもしれなかった。そんな彼らが彼女に負けまいと発憤し、それが、毎月全社では計画達成に繋がっていったのだから、私にしてみれば、しめしめ、というところだった。

私が退いて後、彼女はサービス工場も抱える綜合拠点たる中央支店長に転じ、そこでも好成績を積み重ねてフォルクスワーゲンの目にとまることになった。ＢＭＷ東京と同じメーカー直販会社フォルクスワーゲン東京の社長をやらないか、というのである。

その頃フォルクスワーゲン・グループ・ジャパンの特別顧問を務めていた私は、彼女に会い、ＢＭＷとフォルクスワーゲンの社風の違いなどをはっきり説明した。社長業務の難しさとリスクも率直に語った。だが、彼女は「やらして下さい。支店長でできることは全部やりました。あとは社長になるっきゃないんです」とこの時もチャレンジ精神を発揮したのだった。

業界初の女性社長として、二〇〇三年まで五年間、万年赤字会社を黒字転換するなど大いに力量を発揮していた彼女に、今度は古巣のＢＭＷ東京社長職の誘いがあり、三度、彼女はチャレンジしたのだった。ＢＭＷの従業員諸君が、自分たちの仲間であった彼女の里帰りを大歓迎したのは言うまでもない。

だが、就任早々の二〇〇四年十一月、同社の横浜の数拠点を（株）ケーユーが一括買収するM&Aが持ち上がった。日本企業の常として、ＢＭＷ東京の従業員たちは身の振り方に悩み、ケーユーへの転籍を拒み、労働組合が生まれる事態になった。そんな騒ぎの中で、社長の求心力がもっとも必要なとき、二〇〇五年三月、彼女は（株）ダイエー顧問に転じ、やがて会長に就任したのだった。転職のタイミング、ということもあったろう。だが、こうして、就任後わずか一年三カ月にして、彼女を慕い尊敬していた従業員たちから去ったのは、いささか問題ではなかったろうか。

いずれにしても、彼女なりのチャレンジ人生が、ダイエーで花開くことを祈るのみである。

ゲーム感覚で

オーストラリアでの発表会

私がフルに責任を持った初年度たる一九九四年、新組織や月曜休日、それに「計画は必ず達成すべきものだし達成できるものだ」という理解が全員に広まって、社内に活気がみなぎり、赤字すれすれの綱渡り決算から脱してはっきり黒字基調になった。

私の白内障手術が成功して、またＢＭＷを吹っ飛ばすことができるようにもなった。これを機会に、私から第一線のセールスマンまで、従来三段階あったのを二段階だけとし、私自身頻繁に支店へ出向いて彼らの声を直接聞く機会を増やすよう心がけた。

そんな中で、十月、オーストラリアで新しい7シリーズの発表会があった。ＢＭＷでは、3、5、7の三シリーズが中心で、この順番に車格が大きくなり、それにつれてお値段も高くなる。最上級の7シリーズは平均一千万円以上するし、ディーラーの粗利益も巨額である。ただ、このクラスでは、世界中どこでもベンツのＳクラスの後塵を拝しており、その差を詰めていつの日か逆転するのがＢＭＷの悲願である。今回の発表会もこの悲願実現を目指すためのもので、日本の全ディーラーの社長が招待されていた。営業本部長時代の私は、いつもこんなイベントの主催者だったのだが、今回はディーラーとして招かれる立場である。

試乗会でみんなが新7シリーズの素晴らしさを味わったところでBMWジャパンの特別常務会が開かれた。これが「特別」であるのは、第一に、後の「現地に任せろ！」で登場するドイツ本社の「日本を含むアジア、太平洋地域担当役員」が出席するからであり、第二にこの私も顔を出すよう求められていたからである。

議題は新7シリーズ販売計画だけに絞られていた。担当役員は、翌年の販売台数を四千三百台とするよう主張し、かねて言い含められていたらしいBMWジャパンの社長以下は黙ったまだった。バブルに踊った最盛期ですら三千五百台前後までしかできなかったのだ。景気悪化、需要減退甚だしく、ここ数年の間にディーラーたちはセールスマン数をむしろ減らしている。こんな台数はできっこないし、私がそんな計画をとらないのは先述のとおりである。彼と私の論争が続き、とうとうBMWジャパンのリヒター社長が嫌々ながらそれを受け入れることで終わった。私のBMW東京は、7シリーズでは全国の約二割以上の実績があるだけに、私の参加を必要としたのだろうが、私としては、言いたいことを主張したけど押し切られる結果となったのだった。

ディーラー社長連はこの台数に驚き、最初から達成を諦めていた。だが、私はそうするわけにいかなかった。唯一の直販会社としての責任もある。それ以上に、せっかく「計画は達成できるものだ」のムードが盛り上がっている会社を、また計画に対して投げやりな会社に戻したくなかったのである。ＢＭＷ東京には全体の約二割にあたる九百台が割り当てられ、これは過去の実績を大きく上回る一見絶望的な目標だった。私は、この目標台数を、支店長以下の販売勢には内緒のまま、販売に無縁な人事部長にだけ打ち明けて、取り組み方を考えたのだった。

若い人事部長のアイデア

小野田晃人事部長はまだ三十代の若さだった。販売の経験皆無の彼と小売り業初挑戦の私とは、まず、どうしてセールスマンは7シリーズ販売を敬遠したがるのか、を考えた。

価格帯からしてお客は限られ、そんなお客を持っているセールスは少ないから。

そんなお客はどうしてもベンツに取られがちだから。

契約までに手間と時間がかかり、それなら手っ取り早く3シリーズで台数を稼ぐほうが金になるから。要するに、台数を売るセールスが「ベストセールス」とされ、尊敬されるし儲かるし、他方、難しい7を売ることにはなんのメリットもないからである。私たちは、「3シリーズは鹿児島でも青森でも売れる。だが、7はＢＭＷ東京でなければ売れない」、「7を沢山売るセールスこそベストセールスなのだ」とみんなの考えを転換するのが先決と考えた。

次に、7を沢山売るセールスを手厚く処遇し、また彼らが7を売りやすいよう特別支援策を講ずることにした。

最後に、7はほぼ百パーセント下取りを伴い、下取った中古車をさばく能力が7の新車を売る能力だから、中古車セールスにも力を入れることにした。

そして、一見絶望的な目標に向かって、青白く緊張しきって立ち向かうのではなく、ゲーム感覚で楽しく仕掛けることにした。販売経験皆無の若き人事部長は、この線に則って、支店長やセールスマンたちと討議を重ね、自由奔放にアイデアを展開していったのだった。ちなみに、この段階でクルマ小売りのプロたる支店長などを参画させていたら、こんな展開は難しかったであろう。

一方私は、事前工作をいろいろと進めていた。

まず新しい7シリーズを数台仕入れて、セールス、サービス全員に試乗させた。高価なクルマだけに、みんなのあこがれではあるが実際運転した者はごく少ないままだった。ハンドルを握ってみて、彼ら全員、「今度の7はいいね」と興奮し納得した。

次に中古車販売に専念する中古車部を新設した。

かくて九五年一月七日、全社員を集めての新年会、私のスピーチの中で、7シリーズ九百台という目標を初めて公表すると、セールスマンたちの間に、否定的なざわめきが広がった。私はそれを制して、「大丈夫だ。間違いなくやれる。パンザー、グリーンベレー、GS9《ゲーエスノイン》がある」と断言し、

「何だい、そりゃあ」のつぶやきがあちこちから聞かれた。

永年勤続者、優秀従業員など恒例の表彰を済ませた後、私が、「BMW東京の仕事は7を売ることだ。7を沢山売るセールスがトップセールスなんだ」と強調、続いて人事部長が登壇してパンザーの説明を始めた。

「過去の実績から新車セールストップテンをパンザーとします。パンザーは戦車、突撃の先頭に立って全セールスを引っ張るエリート軍団です」と述べ、次々に名前を発表した。名指された連中は、突然のこととていささか戸惑いながら、それでも誇らしげに壇上へ向かった。全員揃ったところで、パンザーの特典に及んだ。

「パンザーには7シリーズだけ目標台数が設定されます。それを達成すればかような特別ボーナスが支給されます。また、たとえ達成できなくても、前年の給与は保証されます」

であるなら、3シリーズで台数を追う必要はなくなる。うらやましそうなつぶやきが広がった。だが、みんなが嘆声を上げたのは、

「なお、パンザー各人に7シリーズのデモカーが一台貸与されます」のくだりだった。

もっとも効果的なアプローチはお客に試乗していただくことだ。彼ら自身試乗してその素晴らしさを体験しているだけに、これこそベンツに売り勝つ道であることもわかっている。だが、従来、7シリーズのデモカーはきわめて少なかった。それを専用で持てるとは！　さらに、みんなクルマ好きの連中だけに、専用7シリーズを自宅に駐車し、たまにはそれで家族ドライブを楽しむなど、考えただけでも嬉しくなるのである。

グリーンベレーの説明に当たって、小野田部長は上野のアメ横で発見した緑のベレー帽をかぶって登場した。アメリカ海兵隊の特殊部隊にちなんでおり、これは今年パンザーに選ばれなかったけど腕に覚えのセールスが手を挙げて志願するのである。7シリーズの目標台数が与えられ、達成すれば特別ボーナスが当たる代わり、もし未達成なら冬のボーナス半減となる。

ＧＳ９はドイツのテロ対策部隊の名前で、これは中古車セールスで7を売るベストファイブ、彼らにも7シリーズの専用デモカーが与えられる。

私の九百台表明で暗くなりかかった雰囲気は、すっかり明るくなり、特に新車セールスの間では、グリーンベレーに志願するかどうかの相談、来年は絶対にパンザーになるからな、の決意表明など賑やかなことであった。日本中のＢＭＷディーラーが、「どうせできっこないよ」と投げてスタートしたその年、我が社だけはゲーム感覚で楽しく走り出したのだった。

その成果

楽しく走り出したけど、それで九百台が達成できるほど世の中甘くない。その九五パーセント、八百五十台にとどまった。だが、ほかのディーラーは八〇パーセントかそこらだったから、ＢＭＷ東京の面目を示すことができたのだった。7シリーズ粗利益は一台二百万円にも及ぶから、少々コストをかけたところで、これだけ売れば大いに儲かることも計算していたし、事実この年、相当の利益を上げることができた。しかし、かような仕掛けの最大のメリットは、ＢＭＷ東京の全セールスの目が、総台数から7シリーズへ向いたことで、これは同社のその後にもいい影響を及ぼすことになる。

この間の数値は別表（次頁）のとおりである。デフレの時代にあって、なかなかの成績だろうが、私としてもっとも誇りとするのは退職者数、退職率の減少である。社長としての最終年度、九六年の八名、二・〇パーセントは、定年退職者、出産による者、病気など、やむを得ない方々だけだった。これこそ私の下で会社が活性化し、みんなが私の経営を喜んでくれた証拠、と思う。

私が社長として在任した四年間の軌跡

	1993	1994	1995	1996
従業員満足度				
年末在籍者数	360	370	398	400
年間退職者	34	25	14	8
退職率（%）	9.4	6.8	3.5	2.0
収益性（億円）				
売上高	404	417	472	472
税引き前純利益	1.6	2.6	4.4	9.2
利益率（%）	0.4	0.6	0.9	1.9
販売規模（台数）				
新車	4,766	5,047	6,121	6,550
中古車	1,203	1,396	1,623	1,897
サービス入庫	69,454	69,933	80,251	82,786

この九六年に記録した新車販売六千五百五十台は、ＢＭＷ最大の小売り拠点として長年君臨し続けていたミュンヘンの直販会社を抜いて単年度だが世界一となった。従業員諸君から私への最高のプレゼントだった、と感謝している。

松下幸之助氏は、従業員三百名の頃を、みんながみんなの名前と顔とを知り合っている一番楽しい会社だった、とされている。この一番楽しい規模で現役を終わることができたのも嬉しいことだった。

かくて、カワサキ勤務のうち約十七年間、日本のオートバイを主としてアメリカ、欧州でアメリカ、欧州の人々へ売り、ＢＭＷの十五年間、ドイツの自動車とオートバイを日本で日本人に売り、と、ちょうどコインの裏表を経験することができたのである。以下には、そこで気付いたことを二、三述べることにしよう。

コインの裏側で見たもの

定年問題

その第一は定年制度である。

日本では、平均寿命伸張に伴って、六十歳定年が一般化した。昨今、いわゆるリストラ旋風の中で、早い時期での肩叩きや希望退職者募集なども行なわれ、反面、年金受給時期とのからみで定年延長が策されるなど、かつては日本企業の強みとされた終身雇用制が揺らいでいる面もある。一方、経営者クラスについては、六十五歳とか、より高年齢の定年制を設けているのが普通である。

アメリカでは、なにしろ首切り自由自在の土壌だから、今までの日本のような定年制が存在するのかの疑問もある。六十歳が一応の目処になってはいるようが、ただし経営者が年齢だけの故に退職することはない。実績ある経営者を、「六十歳になったから」とクビにするのは、株主が許さないからである。

その点、ドイツでは、戦後における労働者保護の観点から六十歳定年制度が確立されており、これは経営者層にも及んで、六十歳を待ちかねてみんな辞めてしまう。六十を過ぎて働くのは、ごく一部のオーナーだけである。年金制度が充実しているから、「それを受けずに働き続けるのは馬鹿だ」とする風潮もある。

私は、九五年、ビーエムダブリュー東京（株）の社長として三年目にして六十歳を迎えた。ドイツ側に対して、機会あるごとに、日本の経営者は六十歳を過ぎてからがむしろ正念場であることを訴え続けていたのだが、そこは規則を重んじ例外を一切認めたがらない国民だけに、自分たちのルールと違う慣行なんぞ歯牙にもかけない。

その二年前、ＢＭＷジャパン常務取締役・営業本部長で五十八歳の私に後継者が現れていたが、これも、営業からサービス、部品まで一手に握ったまま私が六十歳に達して、さっさと辞めていくのを心配してのことだった。ドイツ本社の日本担当役員は、私の顔を見る度に、「残念だが六十歳で辞めてほしい。人事部に念を押されている。ＢＭＷに例外は一切ない」と言っていた。

ビーエムダブリュー東京へ赴任して丸二年、その活性化は順調に進んでおり、社員の最大の危惧は私の年齢問題だった。私が去っておかしな社長が来たのでは、折角いい会社になりつつあるのが元に戻ってしまう。私は、それを再建道半ばにして放り出すのは残念だが、そして、私自身きわめて健康なこともあって、そんな規則は馬鹿げている、と信じていたが、規則でごり押しされれば従うしかない、と腹をくくらざるを得ないのだった。

面白いことに、当時のBMWジャパン社長、浜脇さんからドイツ人が三人続いて四人目はイギリス人だった。彼は、ドイツ本社の会長に直接掛け合って、私が翌九六年一杯、社長続投することを承認させた。イギリス人らしい現実性だろう、私を失って、全国の二〇%を占めるビーエムダブリュー東京がガタ落ちしたのでは自分の地位も危なくなる、と踏んだに違いない。もし、このときの社長がドイツ人だったら、こんなルール違反要請を会長にやることなど絶対になかったであろう。

BMW東京の従業員たちは大喜びで、六十歳の誕生祝いをやってくれたのだった。九六年末で社長を譲って、九七年中「特別顧問」を務め、都合二年間、定年をはみ出したことになる。この二年の間、ドイツ人たちは、人事関係者だけでなく営業担当者あたりまで、私の顔さえ見ればその年齢を話題にした。彼ら全員が、このBMWで唯一のルール違反を気にしているのだった。

ドイツで生活したこともあり、その文化を愛し、かなりのドイツびいきでもある私だが、「こんなに融通の利かない石頭では、ドイツが二十一世紀を過ぎ越すのは難しいな」と思わずにはいられないのだった。欧州での冗談に、「地獄とは、イギリス人が料理番、フランス人が教師、ドイツ人が警官を務める国だ」というのがある。イギリスの料理のまずさは定説になっているし、フランス人は男女間のだらしなさで評判が悪い。それに加えてドイツ人の物堅さで警察活動をやられたのでは、ということだろう。

ドイツ経済の危機が叫ばれて久しい。その主因が、この年金などの手厚過ぎる福利厚生制度にあることは広く知られており、その改革はしょっちゅう議論されるけれど、一向に実現しないないままドイツ経済の足を引っ張り続けているのである。

後継者問題

第二は後継者選びの問題だ。「第五話」で、ＫＭＧの後継者を取り上げた。私自身、考えに考えて選び、私自身、ドイツ語特訓も含めてその訓練計画を練り上げ、そして引継を行なった。まずは典型的な日本流である。

ところが、ＢＭＷでの後継者は二回とも完全なあちら流だった。ジャパンの常務取締役も、東京の社長も、ドイツ側がヘッドハンターを使って探し、決定したものだ。私は、決定した「後継者」に引き合わされただけだった。このあちら流は性悪説に基づく。現社長を信用せず、社長交代を経営刷新の好機、と捉えるから、後継者に関してはその意見を聴することもしないのである。確かに、銀行の膨大な不良債権など、後継者が自分を選んでくれた先輩の仕事を批判しない、とすることの繰り返しが積み上げたものであろう。だが、さればとて、日本企業まで、社外役員会など性悪説に走り、現役社長を牽制する制度を採用するのはいかがなものであろうか？

また、外人が日本人を選ぶには障害も多い。自分達と直接意思疎通できることを重視せざるを得ないから、どうしても外国勤務、外国での学位取得、など、英語をしゃべれるための経歴を重く見ることになりやすい。日本で日本人をマネージする能力、など全然判断できないのが通常である。だから、どうしても当たり外れが激しくなる。

終身雇用、年功序列、順送り人事、などに弊害もあったのは事実だ。しかし、長期不況で自信をなくすの余り、日本人には本来馴染まない性悪説へ振れてはならない。社長後継者は責任をもって現役社長が選び、引き継ぐ、とすべきだ。トヨタ、キヤノンなど、すさまじい経営革新で躍進している企業は、終身雇用を堅持していることも思うべきである。

現地に任せろ！

私が「社長」として名実ともに全責任を負ったのは、「第五話」、ドイツのKMGが初めてだった。債務超過になったこともあり、また川重側に、再度述べたような、単車取り込みの嵐が吹き荒れていたこともあって、戦術面まで細かく指示しようとする動きが出てきた。だが、私はかような介入を一切拒否した。日本にいてドイツのことがわかるはずもない。おまけに口を出したがるのは、オートバイに乗ったこともない造船屋である。現地に会社を構えるのは現地で判断するためではないか。だから、事業計画を作り価格体系を構築する、といった戦略面では共同歩調をとったけれど、戦術面はすべて私の判断によるものとした。また、かように自分で決断し、リスクをとる面白さがあればこそ、つらいことがあっても、現地へ出ていく気にもなるのである。

BMWジャパンでも同じだった。浜脇社長以下、日本のことは日本で速戦即決し、ドイツに断ることはなかった。彼の後、ドイツ人社長が続くうち、ドイツへお伺いを立てることが徐々に増えたのは事実だが、かような自主性は守られていた。

ところが、日本の販売台数が増し、それがドイツ本社の損益にかなりの影響力を持つようになると、「日本重視」の姿勢が現れてきた。日本をよく知るとされる男が、日本を含むアジア、太平洋地域の担当役員とされたのである。彼は、八〇年代に約十年間も日本に滞在し、BMWジャパンの創業に加わり、浜脇さんに継ぐ二代目社長も務めた。八〇年代、バブルに躍る時期だけ日本にいた男が、九〇年代、そのバブルが弾け、まったく様変わりとなった日本を指揮する立場になったのは、歴史の皮肉としか言いようがない。彼には、「日本通」としてトップの期待があり、彼本人には自信もあった。かくて、ちょうど私がBMW東京へ転じた九三年夏あたりから、彼のプッシュが本格化したのだった。事業計画や販売目標台数などの戦略面だけでなく、売り方や人事についてまで、彼は事細かに介入してきた。ジャパンのドイツ人社長は立ち往生し、私の後継者たる常務は彼に従うことを仕事と心得るようになった。やがて、従業員だけでなく、ディーラーたちまで、ジャパンでは何も決まらない、と言い始めるようになった。会社の危機である。

私は彼の自宅宛てに手紙を書いた。まず、私が見た七〇年代後半のホンダ・ドイツの例を示した。その社長が典型的な企画スタッフで、なんら決定することができないまま、従業員もディーラーも東京へ指示を求めるようになり、こんな事態が数年間続くと、あれだけ商品に優位性あるホンダ・オートバイでも、大幅に市場占拠率を落とすようになった。

「ＢＭＷジャパンの現社長は優秀で、自分で決定できるし、事実やってきた。それなのに、そんなに縛り上げて追い込むなら、当時のホンダ・ドイツと同じことになる。これでは日本に会社を作った意味がない。ジャパンを解散して、あなたがドイツから経営すればよい」

次に私は、私自身がドイツを去って日本へ帰った後の話をした。

「しばらくの間、ドイツの従業員やディーラーから、私宛に手紙や電話があった。後継者への不満を漏らし、私がアクションをとるよう求めていた。だが、私は、これらすべてを後継者に伝えて、その処置にゆだね、私が返事をすることもしなかった。私が動いたり、返事をしたりすれば、短期的にはよりうまくいくかも知れないけれど、もう後継者のものになっている組織上、まずいからだ」

彼は別に返事を寄こすこともしなかった。ただ、次に会った際、苦り切った面もちで、「君は誤解している」とだけ言った。

私は、ドイツ人の頑固さと傲慢さに改めて嫌な思いを味わったことだった。かくてＢＭＷはかつて浜脇時代に輸入車ナンバーワンだった王座をベンツやフォルクスワーゲンに奪われて、いまだに回復できないままである。

幸いなことに、私は別会社で小売りにいそしむ立場だった。彼のプッシュも、販売目標を達成している限り、私まで及ぶことはなかった。私は、戦略面ではジャパンの社長の了解を取り付けつつ、戦術面以下は完全な自主性を保って終わることができたのだった。

彼は優秀な人材である。トップのプッシュを受けて、後継者が頼りにできないまま、日本のこともその従業員たちのこともよく知っている、の思いから、つい具体的なことまで口出しするのだろう。だが、これがジャパンの社長を駄目にし、ひいてはその力、販売力も含めて、を弱体化していることには気付かないのである。

思えば、川重がオートバイ取り込み、浜脇降ろしに走ったのも、単車事業が一定の規模に達して、それを無視できなくなったからだった。日本人もドイツ人も、本社サイドに立って下手に第一線を「重視」し「強化」しようとすると、同じ過ちを犯すことになるのが面白い。「角《つの》を矯《た》めて牛を殺す」という古い言葉を地で行っているわけである。

国民性とかマネージメント・スタイル、という問題もある。アメリカ企業の場合、海外子会社の社長とは、戦略面で合意し、目標設定を行なったら、それをどう達成するかは任せる。達成すればオーケーだし駄目ならすぐクビにする。だが、ドイツの場合、国際展開が遅れたこともあって、かような割り切りはまだなく、戦術面まで口出しすることになりやすいのである。

ちなみに、私が見聞した八〇年代までの日本企業は、一般にこのようなドイツに比べても遅れていて、どだい、決定権ある現地人を採用することもしたがらず、日本人だけで経営する例が多かった。まさに、これでは現地法人を作る意味はないのである。その後、最近では、ソニーなど、日本本社の社長にイギリス人を当てる例も現れており、会社によっては随分進んだ面もあるようである。

彼への手紙で述べた、ドイツから帰国後の話はもちろん実話である。このような淡泊さ、潔癖さ、筋を通すやり方、が私の魅力となって部下やディーラーたちを惹き付けたのは間違いない。反面、かような淡泊さが私の経営者としての限界だったのかも知れない。

だが、私には私のやり方しかなかったのであり、それで精一杯に仕事をすることができたのだから、もって瞑すべし、とすべきだろう。自分の持ち味を捨ててうまく立ち回ろうとしたところで、失敗するに決まっているからである。

人種問題？

ＢＭＷでは、ドイツ本社の上級部長以上と海外法人の役員連中約百五十名を集めて、毎年研修会を開く。一九八〇年代後半のその年、オランダの電機メーカー・フィリップス社の会長が特別講師として招かれていた。彼は、欧州連合実現を推進する経済人の代表格とされていたのである。彼は、アメリカの電機製品市場が日本勢に席巻され、欧州メーカーは全部追い出されたし、アメリカのメーカーでテレビを作るところもなくなった歴史を詳細に述べた。そして、手をこまねいているなら、欧州の自動車業界でも同じことが起こり、ＢＭＷも駆逐されかねないこと、それを防ぐには、欧州連合を作って備えるしかないこと、を強力に訴えたのだった。欧州連合は日本への対抗手段だ、というわけである。欧米でも日本でも、マスメディアなどには絶対出ない論調だが、これが彼らの本音だったのだ。

講演会後のパーティーで、彼に近付いて、日本人として反論したら、彼は目を丸くして驚いていた。彼としてはドイツのＢＭＷの経営陣に語ったつもりだったのであり、その中に日本人が紛れ込んでいるとは夢にも思わなかったのだろう。

その頃、ドイツの雑誌「シュピーゲル」が、日本車の進出を特集した表紙では、東洋人とおぼしき男がベンツを食べている絵を掲げていた。その東洋人は、目がつり上がった蒙古系統で、どうやら、十四世紀の欧州を荒れ回った蒙古軍団への恐怖心も残っているようだ。建前はともかく、本音の部分では、有色人種への蔑視と偏見が今でも存在すること、欧米で暮らした者なら必ず体験することであり、それが根絶されることは、もしあるとしても、まだまだ長い期間を要するだろう。

第四楽章の始まり

「タネサンの新しい門出を祝う会」

一九九八年一月三十日、品川駅前のホテル・パシフィックに、二百名を超える男女が集った。ＢＭＷジャパン、東京共催の私の送別会である。前年の秋頃からこれが話題に上《のぼ》り始め、私は主催者に、別に開いてもらいたくもないが、どうしてもやるのなら、といくつかの条件を出しておいた。

第一に、楽しくやろう、ということである。女性諸君まで身銭を切って一万円もの会費を払って参加してくれるのだから、みんなが楽しめるものでなければならない。定年退職者の送別会といえば、年寄り連中の下らぬスピーチが延々と続き、お義理で出席した人々が機を見ては次々に退席していくのが普通である。どうせやるなら、参加者全員が最後まで残って楽しんでくれるものにしたかった。だから、スピーチは最小限とし、面白い出し物を考えてほしかった。

第二に、両社の従業員諸君だけでなく、ディーラーやご近所の方々にも参加していただきたかった。私のＢＭＷ人生は、そしてカワサキ人生も、いつもディーラー諸君と共にあったし、その最後となる東京での小売りでは、近所の方々とのお付き合いに意を用い、また、そこでも多くの素晴らしい友人たちに恵まれたからである。

第三に、「送別会」ではなく、「タネサンの新しい門出を祝う会」としてほしかった。

ＢＭＷを辞めるのは一つの区切りには相違ない。だがそれは、会社人生の終わりに過ぎず、それっきり老い朽ちるつもりは毛頭なかった。

その十五年前の一九八三年、カワサキを辞めてＢＭＷへ転ずる際の挨拶状で、「学校を出るまでが第一楽章、カワサキでの二十有余年は第二楽章でした。ＢＭＷを第三楽章として、第三楽章らしく軽快に走り抜けたい」と述べたが、その意味では第四楽章の始まりである。ちなみに、この筆法でいくと、この話の「第一、二話」は第一楽章、「第三、四、五話」は第二楽章となる。

ここでは第三楽章はごくあっさりと片付けて、今、第四楽章のただ中にあるわけだ。

その夜、南は鹿児島から北は仙台まで、三十名以上のディーラー・オーナーが参加してくれた。高輪の能登理髪館を中心とするご近所さんたちも集まってくれた。音楽大学のピアノ科を卒業した異色のセールスマンが私の愛好するモーツアルトを弾き、ＢＭＷジャパンの男女四名の合唱があり、能登さんのお世話になる津軽三味線まで登場した。

ディーラー代表で立ったモトーレン東都社長の湯本治男さんは、

「タネサンとは激しく付き合った。怒鳴り合うこともしばしばだった。一緒に夢を追求した。タネサンが昨年末で去る、と聞いて、私の中のＢＭＷが死んだ」と言ってくれた。

いつもディーラーの利益を考えながら、しかし一切妥協することなく進んだ私としては、嬉しい言葉であった。

私自身のスピーチもごく短くして、代わりにカラオケ伴奏で「星影のワルツ」を唄った。「今からが私の人生の本番なんだ」と強調した。私のアメリカ名「サム」にちなんで背番号３６を背負った阪神タイガースのユニフォームを着せてもらい、最後に、携帯電話とそれに接続すればメール、インターネットに接続できる小さなパソコンを記念品にもらった。千葉の自宅にはマッキントッシュを持つが、それから離れて、例えば明石の自宅や旅先でメールを見ることができないのを私が嘆いていたからだろう。

途中退席する者は一人もなく、みんな最後まで楽しんでくれた。その点、私の希望はかなえられたわけである。だが、本当のところ私の本心は淋しさで一杯だった。

三十八年間にも及んだ会社生活がお仕舞いなのだ。もう会社へ行くことはできないのだ。いつも気持ちの、生活の中心だった会社が忽然と消えて、一体どう生きたらいいのだろう？陽気に笑いさざめきながら、本当のところ私は途方に暮れていたのだった。

ストレスのないストレス

欧米には、定年退職者専門のカウンセラーが大勢いて繁盛している。彼らの場合、我々日本人と違って、在職中から教会活動やボランティアをこなす人々も多いが、それでも退職のショックは大きく、それは激しく長いこと働き続けた者ほど大きいのである。

いつもストレスに追われていた身が、忽然として一切のストレスから解放されたのだ。私は、ストレスのないストレス、とも言うべき空白状態でもがいた。それは、長年の仕事中毒者の禁断症状とも言えた。妻に当たり散らし、朝から酒を引っかけたりするのだった。

そんな私への救いは、思いも掛けない友人から来た。

「新しい歴史教科書をつくる会」の会長、西尾幹二君から、

「理事に就任して財務をみてくれ。会員数一万を超え、年間一億円内外の金が出入りするようになったが、なにしろ教科書を作る会だから、理事はみんな文学部出身ばかりで、金のことはわからない」

とのこと。彼は「第二話」前半、大学教養学部の同級生だった。そんな縁もあって、「つくる会」には設立当初から入り年会費を払うだけの会員ではあった。「第三話」以降ご覧のとおり、私は攻めを得意とする経営者として終始し、別に財務の専門家ではない。しかし、「お役に立つなら」の思い以上に、本当は、仕事中毒の禁断症状地獄から抜け出すべく藁《わら》にもすがりたい一念で引き受けたのだった。

大学教授揃いの理事諸侯は、それまで私が知っていたオートバイ屋、自動車屋諸君とはまっ

たくの様変わりで、彼らとのお付き合いには新鮮な驚きがあった。彼らが、日本のため、日本の子供たちのため、忙しい時間を割いて活動しているのは感動的だった。この新しい場で私なりの貢献を続けるうち、段々落ち着きを取り戻すことができたのである。

少し落ち着いたところで世の中を見渡すと、九八年のその頃、日本経済はリストラ一色に覆われていた。新聞が伝えるのは、首切り、外注工場整理など弱者を切り捨て、資産を売却するニュースばかりだ。「第五話」で見たとおり、債務超過の中にあってすら攻めに出て活路を開いてきた私にしてみれば、不本意千万な事態であった。

「守り一辺倒の経営に勝ち目はない。こんなことをやっていると、日本は本当に駄目になる！」

そして私は、あのドイツでの苦境にあって、『坂の上の雲』に、日露戦争に救われたことを想起していた。まったく勝ち目がない、と世界中が信じる中で、工夫に工夫を重ねて、一切守りに入ることなく攻めに攻めて勝ち抜いた日露戦争は、日本人が今日のデフレを克服する指針になるのでは、と思った。

「つくる会」理事諸君に刺激されるまま、私は、神田の古本屋街を歩き回って日露戦争に関する文献を収集し、構想を練り、約四年の年月をかけて、『くたばれ！　リストラ——日露戦争に学ぶ経営・人生——』（ミルトス）を二〇〇二年に刊行したのだった。私は在職中にも数冊の本を出している。だが、これらはいずれもオートバイ、自動車、ビジネスなどについての一種のクルマ屋談義であって、時間もないまま記憶だけに頼って書いたもので、特に資料を集めたりしたことはなかった。だから、『くたばれ！』は、研究して執筆し、明確な主張を持っている点、またクルマとなんの関係もない点、私の本としては初めてのもので、言うなれば、これは私の「クルマ屋脱皮宣言」でもある。

自分に帰る

ルック・イスラエル

いつも感じることだが、本と子供は似た面がある。生み落とすまでは確かに自分のものだが、一度生まれて動き始めるとどこへ行って何をやるやら計りがたい。

『くたばれ！』を出して間もなく、地球の裏側とも申すべきイスラエルから電子メールが届いた。ヘブライ大学で日本に関する講座を持ち、我が国でも数冊の著書を発刊しておられるシロニー教授からである。『くたばれ！』を評価しておられて、翌二〇〇三年二月、「日露戦争と二十世紀」学会を開催するから参加してほしい、とのことである。私からの問い合わせに応じてスケジュール、出席予定者リストなど送ってきた。世界各国有名大学の教授連がズラリと並んでいる。私は折り返し返事を出した。

「私はクルマ屋である。大学教授の方々に混じって学会などに列席する資格はない」

だがシロニー教授は、「あなたの観点はユニークで優れている。遠慮せずに出席してほしい。近く東京へ行くからお会いして、よく話しましょう」と述べられ、やがて東京でお会いした。

一連のメールは英語によったが、会話は全部日本語だった。教授は、かの浩瀚なる西尾幹二著『国民の歴史』なども読んでおられるほど日本語にも堪能なのである。

「第一話」以来常に挑戦を続けてきた私は、ここでも教授の勧めに乗って学会出席を決意したのだった。もうクルマ屋ではない。さりとて「つくる会」理事連のような学者でもない。なにかに属してそれを名乗るのではなく、自分は自分に帰ろう。六十歳の還暦を本卦《ほんけ》帰りというけど、会社を離れクルマを離れて一から出直しだ、の思いがあった。

二〇〇三年の学会は、自爆テロ相次ぐ情勢のため一年延期となり、翌二〇〇四年二月、私は一人成田を発ったのだった。

テルアビブへ直行するのではなく、私はパリ郊外のシャルルドゴール空港へ降り立った。そこではアランが待っていた。「第四話」でカワサキはカリフォルニアでスタートしたのだが、そのとき、私の調査と準備を引き継いで販売網作りを実施したのがアランだった。彼は、もともとハーバード大学卒のいわゆるハーバード・ローヤーだが、ネブラスカ州で父の仕事を手伝うこともやっており、その一つがカワサキ販売だったのである。

カワサキの創業期にあって、彼と私は浜脇さんの下、文字どおり車の両輪だった。三十歳と同い年だし、バックグランドが似ていることもあって、ビールを傾けながら、人生や、アメリカ社会や、日本や、当時のベトナム問題などなどについて口角泡を飛ばしながら議論することも多かった。仕事の友であるが、同時に深いところで結びついた心の友でもあった。一九六九年末に私が帰国した後も、彼はゼネラルマネジャーとして留まり、友情も続いた。たとえば、

「第三話」で述べた正一の死の悲しみを、私は誰でもなく彼へ長い手紙で訴え、彼からはカトリックの信仰に根ざした、思いやり溢れる慰めの便りをもらっている。

来日した彼を郷里熊本に案内し、龍ちゃんの運転で、阿蘇、天草などを回ったこともある。

彼は、私が「第五話」のドイツ時代にカワサキを辞め、奥さんの祖国たるフランスへ移った。当時ドイツに大勢いた北大西洋条約機構のアメリカ兵にカワサキ・オートバイを売る仕事を世話したり、しょっちゅう会っては旧交を温め合っていた。その後も、日本、アメリカ、欧州各地とあちこちで会っては語り合うのを人生の喜びとしていたのだが、この数年それが途絶えていたのである。

彼の住まいはパリとシャルルドゴール空港の真ん中あたりの寒村だ。日本では想像もつかないような広大な庭園を擁し、近所では「シャトー、お城」と呼び慣わしている。天気がよければその庭園の手入れ、雨や雪の日には読書、と晴耕雨読の生活だけに、健康そうに日焼けしている。私たちは毎朝付近の野山を二時間ほど歩き回ることで一日を始めた。私の習慣を持ち込んだ次第だが、彼も散歩は大好きである。その間も帰宅後も食事中も、私たちは語り続けた。思い出話、共通の友人達の噂、彼も広く読書しているだけに、経済、政治、文化と話は尽きない。また、彼は熱心なカトリック信者だから、無教会派に帰依する私と神のことも熱く語り合った。

シャトーに三泊して時差も取れ、四日目の早朝、オルリー空港からテルアビブへ発つ私を見送ってくれて、「また、いつか、どこかで会おうね」と握手で別れたのだった。お互いもう古稀に近い。その、いつか、どこかで、の前に、どちらかがみまかることもなしとしない。だが、その場合は、あの世で再会すればいいじゃないか。

私が幸せなのは、世界各地でかようなよき友に恵まれていることだ。そして、今から行くイスラエルでも、さらによき友たちを増やすことになるのである。

オルリー空港でイスラエル航空にチェックインするのが最初のショックだった。並んでいると、若い綺麗な女性が手招きする。いい気でついて行くと、立ったまま小さな机を隔てて向かい合い、言われるまま差し出したパスポートと航空券は他の男がどこぞへ持っていってしまったから逃げようもない。渡航目的、立ち回り先、誰と会うのか、など英語で次々に畳みかけてくる。しばらく時を置いて同じ質問をまたぶっつけるのは、矛盾点を探るためだろう。日本流のプライバシーなど全然考慮の外で、嫌々答えながら戦時国家の厳しさを感じるのだった。

テルアビブでの入国手続きは意外に簡単に済んだ。オルリーで懲りた私が、シロニー教授からの電子メールを示して学会のスケジュールとその中での私の名前を指差したら、パスポート・コントロールも税関もすぐに納得してくれ、この学会への関心と注目度のほどがわかるのだった。

手弁当で駆け付ける貧乏学者たちのために、主催者は乗り合いタクシーに乗ることを勧めていた。だが、その乗り方がわからないまま、普通のタクシーに飛び乗った。エルサレムまで約一時間、年配の運転手は英語でいろいろ説明してくれて、この国とアメリカの近さもうかがえた。

宿舎たるＹＭＣＡホテルの入口にもたくましい男が控えていて、予約の有無など尋ねた。自爆テロがまだ続く中、ここは本当に戦時態勢なのだ。天気はいいし、昼食をとるべく町なかに出掛けた。土曜日とあって商店はみんな閉まっている。繁華街もごく質素で、昔見たブラジルの田舎町の感じである。ただ、要所要所に、自動小銃を手にした若い兵士が二人一組で目を光らせていた。

夜は主だったメンバーと、シロニー教授の自宅に招かれた。日露戦争にちなんで日本酒とウオッカの乾杯で始まり、ユダヤ人の主人公夫妻と、イギリス人、ロシア人の夫妻、それに私の歓談が続いた。部屋の壁は、日本刀ひとふり、能面一揃い、高輪泉岳寺の七転び八起き像から叙勲の通知書まで日本のものばかりで埋まり、夫妻の日本への愛着が窺えるのだった。

学会に関しては略述するにとどめよう。世界十カ国から三十八名の諸君が集い、一週間にわたってパネル討議を重ねて、日露戦争が二十世紀の各国、各分野に及ぼした影響を議論した。日本を研究する学者たちだけに総じて日本に好意的であり、妥当な見方が大半だった。同じ宿舎に泊まって、朝、昼、晩と食事を共にするだけに、お互い親しくもなった。アメリカ人五人は、みんな若いこともあって、いつも一緒だった。私は、インドのサリーン博士が、同い年のこともあって、一緒のことが多かった。

私の発表は、「日露戦争が今日の日本企業に与える教訓」と題し、拙著『くたばれ！　リストラ』の要約だった。シロニー教授は、「実に力強い発表で、みんな、日本人が勝った理由がわかったことだろう」と誉めてくれた。

だが実は参会者の一部に「新しい歴史教科書をつくる会」への疑問を質問の形でぶっつけよう、という動きがあり、シロニー教授の助手を務めるコーナー教授が、「日露戦争と関係のない問題をここで取り上げるのは適当でない」との判断から、彼自身がいろいろ質問して時間切れに持ち込んでくれた内幕があったのだった。逃げる気のない私は、食事の場などで、彼ら一人びとりと議論した。ドイツ人、フランス人、イタリア人など、もともと日本学者で日本に好意的な人々が、『つくる会』の教科書は日本を誤解させるだけだ。中国や韓国との関係悪化の点からもよろしくない」と言う。

「あなたは我々の教科書を読んだのか？」と尋ねると、学者だけに、「日本語は読めない」と率直に認める。要するに日本などの一部マスコミ報道を受け売りして心配してくれているのである。

私は、我々の支持基盤を拡げるためにも、我々の教科書を英語などに翻訳する必要を痛感した。帰国後、「つくる会」の中で二〇〇五年夏の採択戦に向かって特別募金運動を主張し、その責任者となり、五千万円というささやかな目標を大幅に上まわることができ、その一部を割いて、検定済み教科書を英語、中国語、韓国語に翻訳することになるのである。

日本人の参加者は私一人であった。外務省あたりは盛んにテロの危険をPRしていたし、費用負担の問題もあったのだろう。英語だけで一週間、というのも普通の日本人にはうっとうしいことなのかもしれない。その点、クルマ屋としてあちこち走り回った私は、クルマ屋を辞めた今も、こんな環境を苦にしない変な日本人なのだろう。なお、私の滞在中、英語新聞の「エルサレム・ポスト」は数回にわたってこの学会を紹介しており、イスラエル社会の関心の度合いがわかるのだった。

学会が終わった後、日本人留学生を案内に頼んでレンタカーをとばした。エルサレム旧市街のイエス・キリストゆかりの場所は、「第一話」以来聖書に親しんでいる私にとって感動の連続だった。だが、エルサレムを出ての巡礼はそれ以上に感動的だった。

ガリラヤ湖の北にそびえる小高い丘テルハイ。ここには勇士トロンペルドールが眠る。

彼はロシア兵士として旅順防衛戦に参加し、片腕をなくしながら後方移送を拒否して戦い続けた。その陥落後、捕虜となって大阪府堺市の収容所でしばらく過ごした。帰国後その功によってユダヤ人初の将校に任ぜられたが、やがて起こった社会主義革命に同調できず、パレスチナの地、現在のイスラエルに帰った。そこで荒れ野開拓と自衛軍組織・訓練に尽力していたのだが、一九二〇年、このテルハイの開拓地でアラブ人に襲われ、七人の仲間全員と共に討ち死にを遂げたのだった。彼は健軍の父と賛えられている。

死海のほとりに聳えるマサダの砦。西暦七〇年、ローマ帝国によってユダヤ王国が滅ぼされて後、女性、子供を含めてわずか九百六十名が、この要塞にローマ軍一万人を迎えて二年間にわたって徹底抗戦し、最後は全員刺しちがえて終わったのだった。

ネゲブ砂漠にあるベングリオンの家。一九四八年初代首相としてイスラエル独立を果たした彼は、一九五三年その職を辞するや一開拓者として余生を過ごすべくここへ赴いた。

その家は小さくて質素で、ただ大変な読書家だった名残りの蔵書に溢れていた。

これらの史跡では、大勢の観光客に混じって、幾組もの高校生たちの姿が見られた。そして、若い教師が、これらの史跡にちなんで、ユダヤ人とその建国の歴史を熱く語り、生徒たちは目を輝かせて熱心に聞き入り、質問するのだった。

日本にもマサダはある。大東亜戦争終盤、日本軍守備隊は、北のアッツ島に始まって、グアム、サイパンから硫黄島へと、国を守るべく玉砕を繰り返した。だが、今やアッツ島はまったく忘れ去られ、グアム、サイパンはただの観光地になっている。

日本にもテルハイはある。健軍の父大村益次郎の像は靖国神社に立っている。だが顧みる人もないままだ。

日本にもベングリオンの家はある。建国の父を祭る明治神宮だ。だが、そこに大勢の人が初詣するのは、単なるお遊びか縁起担ぎに過ぎない。

そして高校生の修学旅行がこれらの地を尋ねることはまずないし、万が一あっても、そこで日本の歴史を語る教師はいないのが現状だ。

イスラエルは四国ほどの面積に約六百万人、愛知県より少ない人口が住んでいるだけの小国である。だがその存在感の大きさはどうだろう。ほとんど毎日、各メディアで自分を主張している。欧米諸国での露出度は「世界第二の経済大国」日本など遠く及ばない。

日本とイスラエルの差は、自分の国の歴史を大切にするかどうかに起因する。平和ボケの日本から行くと、戦時体制で緊張感みなぎるイスラエルは冷水に飛び込んだ感じがする。ここでは同国の歴史や文化など改めて述べることをしないが、両国の大きな差は自分の国の歴史に対する態度によることを重ねて強調しておきたい。日本だって、中国と北朝鮮の軍事力、それにアメリカ資本のM&A攻勢だけ考えても、決して安閑とできない情勢下にあるのであり、このまま平和ボケが続くと本当に危ないのである。

かつてマレーシアのマハティール首相は、「日本に見習え」の意味で「ルック・イースト」を唱え続けた。今、日本は、このあまり馴染みのなかった小国に学ぶべく「ルック・イスラエル」をこそ心がけるべきではなかろうか。初めてのイスラエル訪問は、こんなことを考えさせられた点でも、きわめて有意義であった。

健康な暮らし

会社のない生活にもやっと慣れ仕事中毒から抜け出すことができたようだ。

毎朝、四時から五時の間に起床。もう早起きの必要はないのだが、長年の習慣である。真向法《まっこうほう》に腰痛体操を加えたものを約十分。これは、「第五話」のドイツ単身赴任時代にぎっくり腰をやって以来もう二十五年以上続けている。そのせいか、ぎっくり腰の再発はない。朝刊二紙を読み、妻が準備しておいた朝食を一人で済ませて散歩開始が六時半。

千葉市の自宅から花見川沿いに下り、橋を渡り、神社で手を合わせ、森を抜け、畑を過ぎて二時間、十キロメートルにも及ぶ。ほぼ百パーセント地道続きのこのコースは大のお気に入りで、不便なこともある千葉に居着いた理由の一つである。九時から十二時までは、活字になるものならないもの含めてパソコンで執筆。午後は昼寝の後、読書。

週に二、三度、四時から五時まで近所のプールで五百メートル泳ぎ、サウナに入って汗を流し、さて、帰宅したらテレビのニュースを見ながらビールと焼酎を傾ける至福の時だ。七時前から寝床に入り、プロ野球中継のラジオか落語のテープを聴いて眠る。家族から「赤ん坊並み」とからかわれる早寝早起きぶりである。

八月はカワサキ時代以来そのまま温存している明石の家で過ごす。プールでの泳ぎがすぐ下の海での海水浴に代わる以外、変化はない。年末年始も明石である。このときは水泳抜きとなり、その代わりに旧友諸君と一杯やる機会が増えるから、血糖値が大いに上がるのが常である。

毎年何回か、海外でスノーケリングをやって魚と戯れる旅に出る。フィリピン、マレーシア、タイあたりからオーストラリア、はてはメキシコまで、随分遠出もした。

なんやかんやで、会社中毒から解放され、部下の目を意識することもなく、仕事ではなく自分を中心とする生活がなんとか軌道に乗った感じである。

毎週一回か二回、東京へ出かける。「つくる会」などのボランティア活動のためである。社会への貢献、ということもあるし、世間とのつながりを保ちたい気もある。それなりに一生懸命だが、かつての仕事の場におけるごとく、自分でリスクを賭けて決定する、ということはあまりなく、その点、物足りないのも事実である。

昨年、今年と、日露戦争百周年である。三年前に出した『くたばれ！　リストラ――日露戦争に学ぶ経営・人生』（ミルトス社）のせいもあって、日露戦争関係の講演を頼まれることが増えている。身の程をわきまえながら、なるべく引き受けることにしている。

この戦を勝ち抜いた日本人のすばらしさを語り伝えて、若い人々が二十一世紀を生き抜く力にしてほしい一念である。反面、「新しい歴史教科書をつくる会」で理事仲間の大学教授諸君と交わってみて、自分の限界をわきまえることにもなった。私が本格的に日露戦を勉強したのは退職後の精々数年間であり、彼らが、私がオートバイや自動車を売っていた頃を通じて数十年間、重ねてきた研鑽には及ぶべくもないことがわかったからである。

カワサキ、ＢＭＷの昔の部下たちに会うと、「あなたの時代はよかった」と昔を礼賛され今を非難されることが多い。そのたびに言うことだが、そりゃあ我々の働きもあったけど、時代もよかったのだ。デフレと不況が定着化した現在、オートバイや高級車のような不急不要の商品を売るのは一段と大変だろう。二十世紀のうちに仕事仕舞をしたのも私のつきのうちだったのかもしれない。

考えてみれば、コインの裏側でも、手慣れたオートバイから自動車へ、まったく未経験の小売業へ、など常識的には断るべきところを非常識に挑戦して、なんとかものにしている点で「第一話」以来のチャレンジ人生と繋がっている、と申すべきか。その上、退職後も、学者諸君の中に一人だけ門外漢として潜り込んで「つくる会」の理事を勤めたり、イスラエルの学会まで出向いたり、とチャレンジ精神健在、というべきだろう。


（終わり）

あとがき

物心付いて以来、新しいこと、難しそうな問題に向かっていつも手を上げ、チャレンジして来た人生だった。

人様の足跡を辿るのではなくて、自分で道を開き、自分の足で歩む人生だった。

多くのすばらしい友人たちに助けて戴いた。中には、世間的にはいささかややこしいな男もいたが、私との関わりではみんな素敵な友だった。彼らへの感謝をこめて、私以上にそんな諸君のことをより多く語ることにもなった。

要は自分史であり、私程度の知名度しかない人間の自分史なんぞ出版してくれる会社はないだろう。約一年前に第一稿を完成したのだが、出版社に頼んで廻るのも面倒なまま、「原稿を棺桶に入れて行くか」など思っていた。

（株）テマサトラベルの小佐々隆社長は、その原稿を読んで、「現在の無気力化した若者たちにぜひ読ませたい」と強く出版することを勧めて下さった。これに力を得て推敲を重ねる気になったのだから、彼は本書を世に出すについての第一の恩人である。

その推敲の最中に、川崎重工業（株）の大後輩、青木勉君が骨折事故のため数週間の自宅療養に追い込まれた。

「どうせ退屈してるんだろう?」と私は原稿をメールした。彼は「第三話」以降の私を熟知する立場で通読し、特に「最終話」に関して貴重な助言を与えてくれた。執筆に飽きたこともあって、当初の「最終話」はかなりやっつけ仕事的になっていたのである。彼の骨折事故なかりせば、本書の完成度はかなり低いままだったであろう。

(株)ミルトスの河合一充社長、本書の出版を引き受けて下さった。

その友情に報いるためにも、これが一冊でも多く売れることを望んでやまない。

随分忙しく立ち働いたようで、振り返ってみれば、大した成果を上げたわけでもなかった。だが、それなりに充実し、楽しいチャレンジ人生だったし、私の人生はこれ一つだけなのだ。小佐々さんが期待されたように、本書が日本の若者たちに読まれ、その肥やしになることができれば、と願う次第である。

平成十七年七月末日
千葉市の寓居にて　種子島　経

tane@gol.com

チャレンジ！　わが人生

2005年9月1日　初版発行
2005年10月20日　第3刷発行

著　者　種　子　島　経
発行者　河　合　一　充
発行所　株式会社　ミ　ル　ト　ス

〒102-0073　東京都千代田区九段北1-10-5
九段桜ビル2F
TEL 03-3288-2200　FAX 03-3288-2225
振替口座　00140-0-134058
http://www.myrtos.co.jp　pub@myrtos.co.jp

印刷・製本　モリモト印刷　Printed in Japan　ISBN4-89586-026-4
定価はカバーに表示してあります。